会计综合模拟实训

主　编　张　眉
副主编　孙灵伊
　　　　刘　洁

KUAIJI ZONGHE MONI SHIXUN

广东高等教育出版社
Guangdong Higher Education Press
·广州·

图书在版编目（CIP）数据

会计综合模拟实训 / 张眉主编. --广州 ：广东高等教育出版社，2025. 6. -- ISBN 978-7-5361-7807-6

Ⅰ. F230

中国国家版本馆 CIP 数据核字第 2024GQ4982 号

出版发行：广东高等教育出版社
地　　址：广州市天河区林和西横路/510500
电　　话：（020）87551597
网　　址：www. gdgjs. com. cn
印　　刷：广州小明数码印刷有限公司
开　　本：787 mm×1 092 mm　1/16
印　　张：10. 25
字　　数：243 千
版　　次：2025 年 6 月第 1 版
印　　次：2025 年 6 月第 1 次印刷
定　　价：30. 00 元

前　　言

随着我国经济社会的快速发展，会计作为经济管理活动的重要工具，其理论体系与实践能力并重的学科属性日益凸显。为贯彻“新文科”建设背景下应用型人才培养目标，解决传统会计教学中“重理论、轻实践”的痛点问题，我们结合多年一线教学经验，精心编写了这本以任务驱动为导向、以能力培养为核心的实训教材。本教材旨在通过真实场景还原和系统化训练，帮助学生搭建从会计原理认知到实务操作能力提升的桥梁，实现“做中学、学中悟”的教学效果。

本教材的编写秉持“理实融通、知行合一”的设计理念，具有以下显著特色：

一、全流程仿真设计

以典型制造业企业为蓝本，精心设计60笔覆盖筹资、采购、生产、销售、利润形成与分配等全周期的经济业务，配套仿真实务的原始凭证，还原企业真实账务处理场景。

二、渐进式能力培养

构建“认知—操作—综合”三级实训体系，从会计基础原理的系统梳理，到凭证填制、账簿登记、报表编制的分项训练，最终实现完整会计循环的综合模拟。

三、课程思政融合

在业务设计中融入诚信经营、谦虚谨慎、风险防控、团结协作等职业素养要素，培养学生的职业道德与社会责任感。

全书内容分为三个有机衔接的模块：第一章通过思维导图与案例解析相结合的方式，系统梳理会计要素、会计等式、复式记账法等核心原理；第二章介绍基础会计学实务的目的和实务操作规范，建立标准化操作流程；第三章作为主体模块，按经济业务发生时序编排实训任务，特别设置“问题凭证辨析”“期末特殊事项处理”等特色环节，强化学生的职业判断能力。

本教材主要适用于应用型本科院校、高职院校经管类专业核心课程教学，也可作为财会人员岗前培训的参考资料。建议采用“任务驱动 + 分组轮岗”的教学组织方式，通过角色扮演体验出纳、会计、主管等岗位职责，配套使用凭证装订机、账页压条等实物教具，增强实训场景的真实感。

在编写过程中，我们参考了最新企业会计准则与税收法规，走访了 30 余家合作企业的财务部门，采集了具有代表性的实务案例。特别感谢行业专家提供的宝贵建议，使教材内容更贴近实务前沿。限于编者水平，书中难免存在疏漏之处，恳请广大师生在使用过程中提出改进意见。

会计之道，在于精益求精；育人之责，贵在知行相济。愿这本凝聚理论与实践智慧的实训教材，能成为会计学子开启职业之门的金钥匙，助力培养更多“懂理论、会操作、守准则”的新时代财务人才。

编　者

2025 年 3 月 31 日

目　录

第一章 会计的基本原理

会计是以货币为主要计量单位，采用专门的方法和程序对企业的经济活动进行连续、系统、全面和综合的反映和控制，并为信息使用者提供有用信息的一项经济管理活动。

一、会计核算的对象

会计核算的对象如图 1－1 所示。

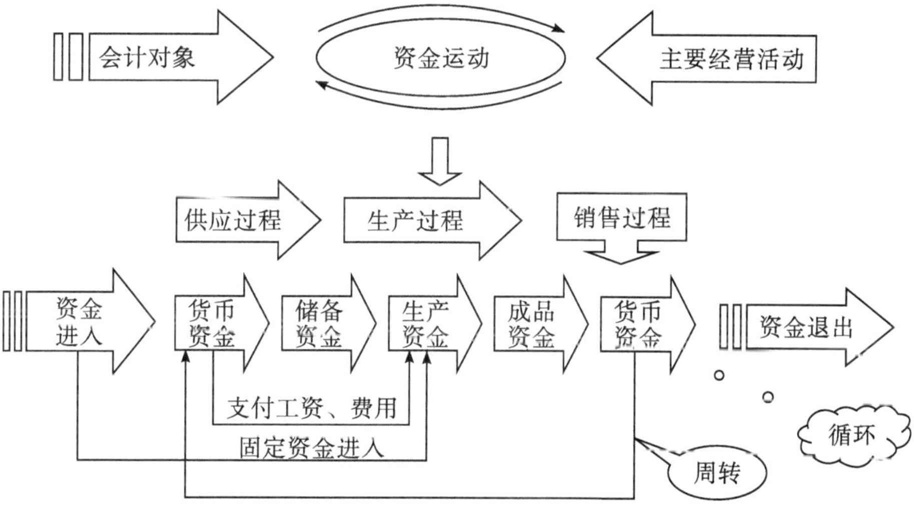

图 1－1 会计核算的对象

二、会计的基本要素

会计的基本要素是指构成会计报表的“元素”，主要包括六个方面：资产、负债、所有者权益、收入、费用和利润。这六个会计要素满足以下两个主要的会计等式，也是构成会计报表的主要要素。

（1）资产负债表：资产＝负债＋所有者权益。

（2）利润表：利润＝收入－费用。

三、会计核算的方法

会计核算方法包括设置会计科目和账户、复式记账、填制和审核会计凭证、登记账簿、成本计算、财产清查、编制会计报表等过程，即从填制凭证到编制会计报表的核算步骤所形成的一个完整的会计信息系统。

四、会计核算的基本前提

会计核算的基本前提是会计人员对会计核算所处的变化不定的环境作出的合理判断，是会计核算的前提条件。根据我国《企业会计准则》的规定，会计假设主要包括以下四项：

1. **会计主体**

会计主体是指会计所核算和监督的特定单位或者组织，是会计确认、计量和报告的空间范围。《企业会计准则——基本准则》第五条规定，"企业应当对其本身发生的交易或者事项进行会计确认、计量和报告"，即明确会计是在反映谁的经济活动，为哪些特定对象进行会计工作，即特定的会计主体。明确会计主体是从事会计确认、计量和报告工作的前提。

2. **持续经营**

持续经营是指在可以预见的将来，会计主体将会按当前规模和状态持续经营下去，不会停业，也不会大规模削减业务。根据我国《企业会计准则——基本准则》第六条规定："企业会计确认、计量和报告应当以持续经营为前提。"明确这个基本前提就意味着会计主体将按照既定用途使用资产，按照既定的合约条件清偿债务，会计人员就可以在此基础上选择会计原则和方法。

3. **会计分期**

会计分期是指将一个会计主体持续经营的生产活动划分为一个个连续的、长短相同的期间，以便分期结算账目和编制财务会计报告。《企业会计准则——基本准则》第七条规定："企业应当划分会计期间，分期结算账目和编制财务会计报告。会计期间分为年度和中期。"以年为单位确定会计期间，是目前最常见也是最重要的会计分期划分方法。除了会计年度以外，我国的会计期间还有月度、季度、半年度。

4. **货币计量**

货币计量是指会计主体在会计确认、计量和报告时采用货币作为统一的计量单位，反映会计主体生产经营活动。根据我国《企业会计准则——基本准则》第八条规定："企业会计应当以货币计量。"

五、会计恒等式

会计恒等式是抽象地反映资金运动所引起资金内部各种因素数量变化相互平衡关系的等式。主要有以下三种关系。

（1）资产 = 负债 + 所有者权益。

（2）资产 = 负债 + 所有者权益 + 收入 − 费用。

（3）资产 = 负债 + 所有者权益 + 利润。

六、借贷记账法的记账规则

借贷记账法是以“借”“贷”为记账符号，以“有借必有贷，借贷必相等”作为记账规则的复式记账法。如表 1－1 所示。

表 1－1 借贷记账法的记账规则

	资产	负债	所有者权益	收入	费用	利润
借	增加	减少	减少	减少	增加	减少
贷	减少	增加	增加	增加	减少	增加

借　　资产、费用类账户	贷
期初余额	
本期增加数	本期减少数
本期发生额	本期发生额
期末余额	

借　　负债、所有者权益、收入类账户	贷
	期初余额
本期减少数	本期增加数
本期发生额	本期发生额
	期末余额

七、账务处理程序

账务处理程序是从取得原始凭证到编制财务报表的一系列会计核算工作程序和方法。其体系如图 1－2 所示。

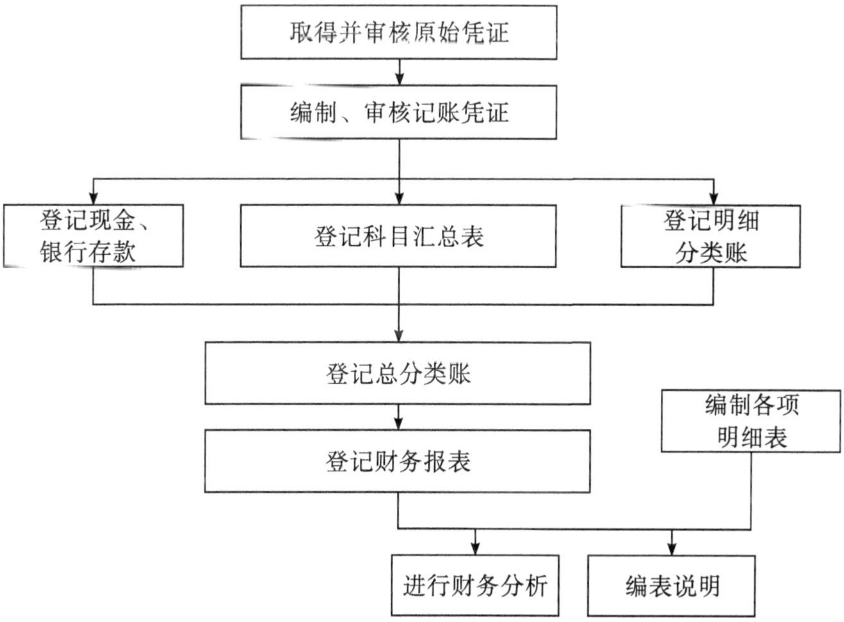

图 1－2 账务处理程序

八、收款记账凭证、付款记账凭证、转账记账凭证的选用

收款记账凭证是根据有关现金和银行存款收款业务的原始凭证填制的记账凭证，用于现金收款和银行存款收款业务。

付款记账凭证是根据有关现金和银行存款付款业务的原始凭证填制的记账凭证，用于现金付款和银行存款付款业务。

转账记账凭证是根据不涉及现金和银行存款转账业务的原始凭证填制的记账凭证，用于与现金、银行存款收支无关的业务。

注：货币资金（即现金与银行存款）之间发生的收付业务，只编制付款记账凭证，不再编制收款记账凭证。

- 记账凭证
  - 收款凭证
    - 现金收款凭证（用于现金收款业务）
    - 银行存款收款凭证（用于银行存款收款业务）
  - 付款凭证
    - 现金付款凭证（用于现金付款业务及将现金存入银行业务）
    - 银行存款付款凭证（用于银行存款付款业务及取现业务）
  - 转账凭证（用于与现金、银行存款收支无关的业务）

九、会计科目表

会计科目表如表 1－2 所示。

表 1－2　《企业会计准则——应用指南》会计科目表

序号	编号	会计科目
	一、资产类	
1	1001	库存现金☆
2	1002	银行存款☆
3	1003	存放中央银行款项
4	1011	存放同业
5	1012	其他货币资金
6	1021	结算备付金
7	1031	存出保证金
8	1101	交易性金融资产☆
9	1111	买入返售金融资产
10	1121	应收票据☆
11	1122	应收账款☆
12	1123	预付账款☆
13	1131	应收股利☆
14	1132	应收利息

续上表

序号	编号	会计科目
15	1201	应收代位追偿款
16	1211	应收分保账款
17	1212	应收分保合同准备金
18	1221	其他应收款☆
19	1231	坏账准备
20	1301	贴现资产
21	1302	拆出资金
22	1303	贷款
23	1304	贷款损失准备
24	1311	代理兑付证券
25	1321	代理业务资产
26	1401	材料采购
27	1402	在途物资☆
28	1403	原材料☆
29	1404	材料成本差异
30	1405	库存商品☆
31	1406	发出商品
32	1407	商品进销差价
33	1408	委托加工物资
34	1411	周转材料
35	1421	消耗性生物资产
36	1431	贵金属
37	1441	抵债资产
38	1451	损余物资
39	1461	融资租赁资产
40	1471	存货跌价准备
41	1501	持有至到期投资
42	1502	持有至到期投资减值准备
43	1503	可供出售金融资产
44	1511	长期股权投资
45	1512	长期股权投资减值准备

续上表

序号	编号	会计科目
46	1521	投资性房地产
47	1531	长期应收款
48	1532	未实现融资收益
49	1541	存出资本保证金
50	1601	固定资产☆
51	1602	累计折旧☆
52	1603	固定资产减值准备
53	1604	在建工程
54	1605	工程物资
55	1606	固定资产清理
56	1611	未担保余值
57	1621	生产性生物资产
58	1622	生产性生物资产累计折旧
59	1623	公益性生物资产
60	1631	油气资产
61	1632	累计折耗
62	1701	无形资产☆
63	1702	累计摊销
64	1703	无形资产减值准备
65	1711	商誉
66	1801	长期待摊费用
67	1811	递延所得税资产
68	1821	独立账户资产
69	1901	待处理财产损溢☆
二、负债类		
70	2001	短期借款☆
71	2002	存入保证金
72	2003	拆入资金
73	2004	向中央银行借款
74	2011	吸收存款
75	2012	同业存放

续上表

序号	编号	会计科目
76	2021	贴现负债
77	2101	交易性金融负债
78	2111	卖出回购金融资产款
79	2201	应付票据☆
80	2202	应付账款☆
81	2203	预收账款☆
82	2211	应付职工薪酬☆
83	2221	应交税费☆
84	2231	应付利息☆
85	2232	应付股利☆
86	2241	其他应付款
87	2251	应付保单红利
88	2261	应付分保账款
89	2311	代理买卖证券款
90	2312	代理承销证券款
91	2313	代理兑付证券款
92	2314	代理业务负债
93	2401	递延收益
94	2501	长期借款☆
95	2502	应付债券
96	2601	未到期责任准备金
97	2602	保险责任准备金
98	2611	保户储金
99	2621	独立账户负债
100	2701	长期应付款
101	2702	未确认融资费用
102	2711	专项应付款
103	2801	预计负债
104	2901	递延所得税负债

续上表

序号	编号	会计科目
三、共同类		
105	3001	清算资金往来
106	3002	货币兑换
107	3101	衍生工具
108	3201	套期工具
109	3202	被套期项目
四、所有者权益类		
110	4001	实收资本☆
111	4002	资本公积☆
112	4101	盈余公积☆
113	4102	一般风险准备
114	4103	本年利润☆
115	4104	利润分配☆
116	4201	库存股
五、成本类		
117	5001	生产成本☆
118	5101	制造费用☆
119	5201	劳务成本
120	5301	研发支出
121	5401	工程施工
122	5402	工程结算
123	5403	机械作业
六、损益类		
124	6001	主营业务收入☆
125	6011	利息收入
126	6021	手续费及佣金收入
127	6031	保费收入
128	6041	租赁收入
129	6051	其他业务收入☆
130	6061	汇兑损益
131	6101	公允价值变动损益

续上表

序号	编号	会计科目
132	6111	投资收益
133	6201	摊回保险责任准备金
134	6202	摊回赔付支出
135	6203	摊回分保费用
136	6301	营业外收入☆
137	6401	主营业务成本☆
138	6402	其他业务成本☆
139	6403	税金及附加☆
140	6411	利息支出
141	6421	手续费及佣金支出
142	6501	提取未到期责任准备金
143	6502	提取保险责任准备金
144	6511	赔付支出
145	6521	保单红利支出
146	6531	退保金
147	6541	分出保费
148	6542	分保费用
149	6601	销售费用☆
150	6602	管理费用☆
151	6603	财务费用☆
152	6604	勘探费用
153	6701	资产减值损失
154	6702	信用减值损失
155	6711	营业外支出☆
156	6801	所得税费用☆
157	6901	以前年度损益调整☆

第二章 基础会计学实务的目的和操作要求

一、基础会计学实务的目的

基础会计学是一门经济管理类学科的专业基础课，其主要作用是为后续课程，如财务会计、成本会计、财务管理等专业课程奠定基础。该课程一般在经济管理类专业一年级开设，是各经济管理类专业学习的“入门关”。本实务有助于加强学生对会计实践的感性认识，提高学生的实际动手能力和操作能力，从而达到巩固和加深对课程理论知识理解的目的。

二、企业基本情况

本实务操作以美登家电厂2023年1月份发生的全部经济业务为实习资料。美登家电厂为一般纳税人，是一家有限责任公司。税务登记号为440105200632739，开户银行为中国工商银行广州分行白云路办事处，基本账号为015－8345006，电话号码为020－83345102，厂址为广州市白云路10号。增值税税率为13%。

该企业设一个车间，生产电视机和电冰箱两种产品，生产用材料全部外购。会计核算采用借贷记账法，采用记账凭证核算程序，原材料、库存商品按实际成本计价。材料购进支付的运费全部计入存货成本。发生坏账损失计入当期信用减值损失。

三、实务操作要求

根据第三章的资料，完成以下实务操作任务：

（1）开设总分类账，并登记期初余额（即2022年12月31日期末余额）；

（2）开设明细分类账和日记账，并登记期初余额；

（3）根据提供的美登家电厂2023年1月份发生的经济业务审核外来原始凭证，填制自制原始凭证，并根据原始凭证记录的业务内容分别编制收款记账凭证、付款记账凭证和转账记账凭证（或通用记账凭证）；

（4）根据提供的美登家电厂2023年1月份发生的存货收入、发出记录登记材料、产成品明细账；

（5）根据收款记账凭证、付款记账凭证（或通用记账凭证）登记现金日记账和银行存款日记账；

（6）根据各种记账凭证和原始凭证登记明细分类账；

(7) 根据各种记账凭证登记总分类账;

(8) 月末在账证核对、账账核对无误的基础上进行月结，并编制试算平衡表;

(9) 在与银行对账单核对的基础上编制银行存款余额调节表;

(10) 根据会计账簿的有关资料编制资产负债表、利润表、所有者权益变动表;

(11) 根据本月现金和银行存款日记账编制现金流量表。

四、关于增值税核算的说明

为了增强实务的仿真度，实务的原始凭证尽量与实际工作相吻合，为下阶段学习奠定基础。本实务存货购销业务采用增值税专用发票，但增值税核算只限于存货的购进和销售环节，其他如进项税额转出、视同销售行为等核算内容暂不做要求。

第三章
基础会计实务的经济业务和原始凭证

一、美登家电厂 2022 年 12 月 31 日总分类账户余额

总分类账户余额如表 3－1 所示。

表 3－1　总分类账户余额

账户名称	借方余额	账户名称	贷方余额
库存现金	3 000	短期借款	90 000
银行存款	245 400	应付账款	13 700
应收账款	16 066. 67	预收账款	1 460
		坏账准备	1 606. 67
坏账准备	1 606. 67	其他应付款	400
预付账款	800	应付职工薪酬	1 100
其他应收款	1 600	应付利息	5 643
原材料	62 000	应交税费	4 562
库存商品	151 000	实收资本	750 000
长期待摊费用	5 982	资本公积	7 700
长期股权投资	18 200	盈余公积	8 650
固定资产	501 780	利润分配	42 477
累计折旧	78 530	累计折旧	78 530
合计	1 005 828. 67	合计	1 005 828. 67

二、美登家电厂2022年12月31日明细分类账户余额

（一）原材料明细表（见表3－2）

表3－2　原材料明细表

材料名称	计量单位	数量	单价（元）	金额（元）
甲材料	kg	200	10	2 000
乙材料	kg	600	5	3 000
丙材料	kg	800	60	48 000
丁材料	kg	450	20	9 000
合计				62 000

（二）库存商品明细账（见表3－3）

表3－3　库存商品明细账

产品名称	计量单位	数量	单位成本（元）	金额（元）
电视机	台	17	3 000	51 000
电冰箱	台	20	5 000	100 000
合计				151 000

提示：原材料、库存商品等明细账按品种设置，采用数量金额明细账。

（三）应收账款明细账

	借方余额（元）	贷方余额（元）
——华发批发商场	7 046.67	
——星光零售商场	3 100	
——新兴百货公司	5 460	
——为民零售店	460	
——日升公司	0	
——恒远公司	0	
——坏账准备		1 606.67
合计	16 066.67	1 606.67

（四）其他应收款明细账

	借方余额（元）	贷方余额（元）
——张勇	1 600	

（五）应付账款明细账

	借方余额（元）	贷方余额（元）
——立新零件厂		8 600
——民礼配件厂		5 100
合计		13 700

（六）长期待摊费用明细账

	借方余额（元）	贷方余额（元）
——待摊固定资产修理费	2 400	
——待摊租用固定资产修理费	3 582	
合计	5 982	

提示：应收账款、其他应收款、应付账款等明细账采用三栏式账簿。

（七）应付利息明细账

	借方余额（元）	贷方余额（元）
——预提短期银行借款利息		5 643
合计		5 643

（八）应交税费明细账

	贷方余额（元）
——应交个人所得税	823
——应交所得税	2 152. 8
——应交增值税	1 442
——应交城建税	100. 94
——应交教育费附加	43. 26
合计	4 562

提示：应交所得税、应交城建税、应交教育费附加、应交个人所得税等明细账可采用三栏式账簿。另开设多栏式应交增值税明细账。另外，制造费用、管理费用、生产成本等明细账应采用多栏式账簿。

（九）现金日记账余额

3 000（元）

（十）银行存款日记账余额

245 400（元）

三、美登家电厂2023年1月发生的经济业务及原始凭证

★1月2日

1．接银行通知，新兴百货公司汇来上月欠款6 000元已收

1－1

中国工商银行信汇凭证（收账通知或取款收据）

第150号

委托日期 2022年12月27日 应解汇款编号0153

汇款人	全称	新兴百货公司			收款人	全称	美登家电厂		
	账号或住址	018－2678100				账号或住址	015－8345006 广州市白云路10号		
	汇出地点	上海	汇出行名称	工行浦东路办		汇入地点	广东省广州市	汇入行名称	工行白云路办

金额	人民币（大写）陆仟元整	千	百	十	万	千	百	十	元	角	分
					¥	6	0	0	0	0	0

汇款用途：偿还前欠货款		留行待取预留 收款人印鉴
上列款项已代进账，如有错误，请持此联来行面洽。 汇入行盖章 2022年12月27日	上列款项已照收无误。 收款人盖章 2022年12月27日	科目（借）： 对方科目（贷）： 汇入行解汇日期 年 月 日 复核 出纳 记账

此联为给收款人的收账通知或取款收据

★1 月 3 日

2. 向大众汽车厂购进汽车一辆，价值 226 000 元，开出支票支付

2－1

101012649　　广东省增值税专用发票　　№ 46529122

（全国统一发票监制章：国家税务总局监制）发票联

开票日期：2023 年 1 月 3 日

<table>
<tr><td rowspan="1">购货单位</td><td colspan="4">名　　称：美登家电厂
纳税人识别号：440105200632739
地 址、电 话：广州市白云路 10 号 020－83345102
开户行及账号：工行白云路办 015－8345006</td><td>密码区</td><td colspan="3">（略）</td></tr>
<tr><td colspan="2">货物或应税劳务名称</td><td>规格型号</td><td>单位</td><td>数量</td><td>单价</td><td>金额</td><td>税率</td><td>税额</td></tr>
<tr><td colspan="2">大众牌汽车</td><td></td><td>辆</td><td>1</td><td></td><td>200000.00</td><td>13%</td><td>26000.00</td></tr>
<tr><td colspan="2">价税合计（大写）</td><td colspan="7">贰拾贰万陆仟元整　　（小写）￥226000.00</td></tr>
<tr><td>销货单位</td><td colspan="4">名　　称：大众汽车厂
纳税人识别号：440106238912473
地 址、电 话：广州市东坡路 2 号 020－8450300
开户行及账号：工行广州支行 015－2083－7248020</td><td>备注</td><td colspan="3">（印章：大众汽车厂 440106238912473 发票专用章）</td></tr>
</table>

左侧：国税函[2020]266号大众汽车厂

右侧：第二联：发票联　购货方记账凭证

收款人：黄力　　复核：陈宁　　开票人：李宏　　销货单位：（章）

2－2

101012649 **广东省增值税专用发票** № 46529122

全国统一发票监制
发票联
国家税务总局监制

开票日期：2023年1月3日

国税函[2020]266号大众汽车厂

购货单位	名　　称：美登家电厂 纳税人识别号：440105200632739 地 址、电 话：广州市白云路10号 020－83345102 开户行及账号：工行白云路办 015－8345006				密码区	（略）		
	货物或应税劳务名称	规格型号	单位	数量	单价	金额	税率	税额
	大众牌汽车		辆	1		200000.00	13%	26000.00
	价税合计（大写）	贰拾贰万陆仟元整				（小写）￥226000.00		
销货单位	名　　称：大众汽车厂 纳税人识别号：440106238912473 地 址、电 话：广州市东坡路2号 020－8450300 开户行及账号：工行广州支行 015－2083－7248020				备注	大众汽车厂 440106238912473 发票专用章		

收款人：黄力　　复核：陈宇　　开票人：李宏　　销货单位：（章）

第三联：抵扣联 购货方扣税凭证

提示：

增值税专用发票一式四联：第一联为存根，第二联交购方作记账凭证，第三联交购方作扣税凭证，第四联作销方记账凭证。专用发票由基本联次或者基本联次附加其他联次构成，基本联次为三联：发票联、抵扣联和记账联。发票联是购买方核算采购成本和增值税进项税额的记账凭证；抵扣联是购买方报送主管税务机关认证和留存备查的凭证；记账联是作为销售方核算销售收入和增值税销项税额的记账凭证。其他联次用途由一般纳税人自行确定。

2－3

中国工商银行支票存根（粤）

No. 56430011

科　目：........

对方科目：........

出票日期　年　月　日

收款人：........

金　额：........

用　途：........

单位主管　　会计

中国工商银行支票（粤） 广州 No. 56430011

出票日期（大写）　　年　月　日　　付款行名称：白云路办

收款人：　　　　　　　　　　　　出票人账号：015－8345006

人民币（大写）	百	十	万	千	百	十	元	角	分

本支票付款期十天

用途：........

上列款项请从　　　　科目（借）：........

我账户内支付　　　　对方科目（贷）：........

出票人签章

复核　　记账

提示：

使用支票时，应注意：

①签发支票，属自制原始凭证，应自行填写。

②支票分为左右两部分，左边部分为支票存根，用作出票人（付款人）入账依据，即原始凭证（附件）；右边部分交付给收款人到银行办理结算。支票背面还需背书确认，为简化，本实习从略。

③支票编号必须连续，右边部分的签发日期应大写，如贰零零捌年，不能用阿拉伯数字。

提示：

从2009年起，购进运输汽车用作固定资产其进项税额可以抵扣，即进项税额不再构成固定资产价值。

3. **向云海集团公司购入甲材料 850 千克，每千克 8.5 元，货款 7 225 元。增值税 939.25 元，运费 1 275 元。甲材料已验收入库，货款、运费及增值税以支票方式支付**

3－1

国家税务总局监制　全国统一发票监制　发票联

广东省增值税专用发票　　№ 08528423

开票日期：2023 年 1 月 3 日

购货单位	名　　称：美登家电厂 纳税人识别号：440105200632739 地 址、电 话：广州市白云路 10 号 020－83345102 开户行及账号：工行白云路办 015－8345006					密码区	（略）		
货物或应税劳务名称		规格型号	单位	数量	单价	金额		税率	税额
甲材料			kg	850	8.5	7225.00		13%	939.25
价税合计（大写）		捌仟壹佰陆拾肆元贰角伍分				（小写）￥8164.25			
销货单位	名　　称：云海集团公司 纳税人识别号：440108002315678 地 址、电 话：深圳市永红路 1 号 0755－22389631 开户行及账号：工商银行大布办 018－1026－8592126					备注	云海集团公司 440108002315678 发票专用章		

国税函［2020］100号云海集团公司

第二联：发票联　购货方记账凭证

收款人：王刚　　复核：李华　　开票人：李小丽　　销货单位：（章）

3－2

广东省增值税专用发票

国统一发票监制 发票联 国家税务总局监制

№ 08528423

开票日期：2023 年 1 月 3 日

国税函［2020］100号云海集团公司

购货单位	名　　称：美登家电厂 纳税人识别号：440105200632739 地 址、电 话：广州市白云路 10 号 020－83345102 开户行及账号：工行白云路办 015－8345006			密码区	（略）		
货物或应税劳务名称	规格型号	单位	数量	单价	金额	税率	税额
甲材料		kg	850	8.5	7225.00	13%	939.25
价税合计（大写）	捌仟壹佰陆拾肆元贰角伍分				（小写）￥8164.25		
销货单位	名　　称：云海集团公司 纳税人识别号：440108002315678 地 址、电 话：深圳市永红路 1 号 0755－22389631 开户行及账号：工商银行大布办 018－1026－8592126			备注	云海集团公司 440108002315678		

第三联：抵扣联 购货方扣税凭证

收款人：王刚　　复核：李华　　开票人：李小丽　　销货单位：（章）发票专用章

3－3

广东省运输业专用发票

发　票　联

地税监
（10813－010885）
8107－00577181

顾客名称：美登家电厂　　地址：　　2023 年 1 月 2 日　填发

项　目	超过拾万元无效	万	千	百	十	元	角	分
运　费			1	2	7	5	0	0
合 计 人民币（大写）壹仟贰佰柒拾伍元整	合　计	￥	1	2	7	5	0	0

第二联：客户报账凭证

填票人　　收款人　　业户名称及地址（章）：迅达运输公司

3－4

进　仓　单

字　号

供货单位________________　　　　年　月　日

产　品			单位	数量	单价	成本总额							产品明细账		说明
编号	名　称	规格				万	千	百	十	元	角	分	号	页	

第二联：财会

会计　　记账　　保管　　验收　　主管部门　　缴仓　　制单

提示：材料验收入库，由仓管员填制进仓单，一式三联。其中第二联交财会记账。

3－5

中国工商银行支票存根（粤）
No. 56430012
科　目：........
对方科目：........
出票日期　　年　月　日
收款人：........
金　额：........
用　途：........
单位主管　　会计

中国工商银行支票（粤）　广州 No. 56430012

出票日期（大写）　　年　月　日　　付款行名称：白云路办
收款人：　　　　　　　　　　　　　出票人账号：015－8345006

人民币（大写）	百	十	万	千	百	十	元	角	分

本支票付款期十天

用途：........
上列款项请从　　　　　　科目（借）：........
我账户内支付　　　　　　对方科目（贷）：........
出票人签章

复核　　记账

3－6

中国工商银行支票存根（粤）
No. 56430013
科　目：........
对方科目：........
出票日期　　年　月　日
收款人：........
金　额：........
用　途：........
单位主管　　会计

中国工商银行支票（粤）　广州 No. 56430013

出票日期（大写）　　年　月　日　　付款行名称：白云路办
收款人：　　　　　　　　　　　　　出票人账号：015－8345006

人民币（大写）	百	十	万	千	百	十	元	角	分

本支票付款期十大

用途：........
上列款项请从　　　　　　科目（借）：........
我账户内支付　　　　　　对方科目（贷）：........
出票人签章

复核　　记账

提示：支付购买甲材料货款和运费应分别签发两张支票给两个不同的单位。

★1 月 4 日

4. 向星光零售商场销售电视机 80 台，每台售价 3 500 元，开出增值税专用发票，税率 13%，采用赊销方式

4－1

送 货 单

No 0033862

收货单位：

地　　址：　　　　　　　　　　　　年　月　日

货物名称	单　位	数　量	单　价	金　额
合　计				
附　注				

第二联：回单

收货单位及经手人：　　　　送货单位及经手人：

提示：销售产品采用送货方式，应填制送货单，一式三联。其中，第二联回单由收货单位签收后交财会记账。

4－2

101012649　　　**广东省增值税专用发票**　　　№

国统一发票监制
发票联
国家税务总局监制

开票日期：　　年　月　日

国税函［2020］200号美登家电厂

<table>
<tr><td>购货单位</td><td colspan="4">名　　称：
纳税人识别号：
地 址、电 话：
开户行及账号：</td><td>密码区</td><td colspan="3">（略）</td></tr>
<tr><td colspan="2">货物或应税劳务名称</td><td>规格型号</td><td>单位</td><td>数量</td><td>单价</td><td>金额</td><td>税率</td><td>税额</td></tr>
<tr><td colspan="2"></td><td></td><td></td><td></td><td></td><td></td><td></td><td></td></tr>
<tr><td colspan="2">价税合计（大写）</td><td colspan="7"></td></tr>
<tr><td>销货单位</td><td colspan="4">名　　称：
纳税人识别号：
地 址、电 话：
开户行及账号：</td><td>备注</td><td colspan="3">美登家电厂
440105200632739
发票专用章</td></tr>
</table>

第四联：记账联　销货方记账凭证

收款人：　　　复核：　　　开票人：　　　销货单位：（章）

备注：

①购货单位：星光零售商场；地址：珠海市解放路 20 号；电话：0756－62382122；税务登记号：560103001248754；开户银行及账号：工行解放办 018－6643221；结算方式：赊销。

②根据 2006 年 10 月 17 日国家税务总局修订后的《增值税专用发票使用规定》的要求使用增值税防伪税控系统出具增值税专用发票。但出于实习目的，本实习仍保留出具专用发票形式。

5. **张勇出差回来，报销差旅费用** 1 800 **元，原借支** 1 600 **元，支付现金** 200 **元**

5－1

旅差费报销单

单位名称：美登家电厂　　　　　填报日期：2023 年 1 月 4 日

<table>
<tr><td colspan="3">姓名</td><td colspan="2">张勇</td><td>出差地点</td><td colspan="2">兰州市</td><td>出差日期</td><td colspan="6">自 2022 年 12 月 20 日
至 2022 年 12 月 26 日</td></tr>
<tr><td colspan="3">事由</td><td colspan="12">参加会议</td></tr>
<tr><td colspan="3">日　期</td><td colspan="2">起讫地点</td><td colspan="2">车船或飞机</td><td colspan="3">在途补助</td><td colspan="3">住勤补助</td><td rowspan="2">杂(宿)费</td><td rowspan="2">备注</td></tr>
<tr><td colspan="3">年　月　日</td><td>起</td><td>讫</td><td>类别</td><td>金额</td><td>行程时间</td><td>标准</td><td>金额</td><td>日期</td><td>标准</td><td>金额</td></tr>
<tr><td>2022</td><td>12</td><td>20</td><td>广州</td><td>兰州</td><td></td><td>700</td><td></td><td></td><td></td><td>7</td><td>40</td><td>280</td><td>120</td><td rowspan="6">现金
200 元</td></tr>
<tr><td>2022</td><td>12</td><td>26</td><td>兰州</td><td>广州</td><td></td><td>700</td><td></td><td></td><td></td><td></td><td></td><td></td><td></td></tr>
<tr><td></td><td></td><td></td><td></td><td></td><td></td><td></td><td></td><td></td><td></td><td></td><td></td><td></td><td></td></tr>
<tr><td></td><td></td><td></td><td></td><td></td><td></td><td></td><td></td><td></td><td></td><td></td><td></td><td></td><td></td></tr>
<tr><td colspan="12">以上单据共 6 张　总计金额人民币（大写）壹仟捌佰元整</td><td rowspan="2">经领人（章）</td><td rowspan="2">张勇</td></tr>
<tr><td colspan="12">预支差旅费人民币 1600 元，支付现款人民币 200 元</td></tr>
</table>

主管　　　　　　　　　　审核　　　　　　　　　　填报人　张勇

★1 月 5 日

6. 开出支票 3 700 元，购买办公用品一批，其中，生产车间领用 1 000 元，厂部管理部门领用 2 700 元

6－1

广东省广州市工商企业商品销售统一发票　国税监

(921155－246993)

发 票 联　　No. 1505－1478729

顾客名称：美登家电厂　　开户银行：

地　　址：　　账　　号：　　2023 年 1 月 5 日填发

货品名称及规格	件数	单位	数量	单价	超过拾万元无效	金额 万	千	百	十	元	角	分
办公用品		批					3	7	0	0	0	0
合计人民币	（大写）叁仟柒佰元整				合计	¥	3	7	0	0	0	0
提货地点及日期	年　月　日	提货人	年　月　日		备注							

第二联：结算（报账）凭证

填票人　　收款人　　业户名称及地址（章）：广州市明珠公司

6－2

办公用品分配表

2023 年 1 月 5 日

部　门	金额（元）	签　收
生产车间 厂部管理部门	1 000 2 700	李强 陈升
合　计	3 700	

6－3

<table>
<tr>
<td rowspan="2">中国工商银行支票存根（粤）
No. 56430014
科　目：········
对方科目：········
出票日期　　年　月　日
收款人：········
金　额：········
用　途：········
单位主管　　会计</td>
<td>中国工商银行支票（粤） 广州 No. 56430014
出票日期（大写）　　年　月　日　　付款行名称：白云路办
收款人：　　　　　　　　　　　　出票人账号：015－8345006</td>
</tr>
<tr>
<td>
<table>
<tr><td rowspan="2">人民币（大写）</td><td>百</td><td>十</td><td>万</td><td>千</td><td>百</td><td>十</td><td>元</td><td>角</td><td>分</td></tr>
<tr><td></td><td></td><td></td><td></td><td></td><td></td><td></td><td></td><td></td></tr>
</table>
本支票付款期十天
用途：········
上列款项请从　　　　　　科目（借）：········
我账户内支付　　　　　　对方科目（贷）：········
出票人签章
复核　　　　记账
</td>
</tr>
</table>

7. **张珊珊报销长途电话费300元，以现金支付**

7－1

广东省电讯服务业发票

发　票　联　　　　　　　　　　No. 32184

顾客名称：美登家电厂

地　　址：　　　　　　　　　　　　2023年1月5日填发

<table>
<tr><td rowspan="2">项　目</td><td rowspan="5">超过壹万元无效</td><td colspan="6">金　额</td><td rowspan="2">备　注</td></tr>
<tr><td>千</td><td>百</td><td>十</td><td>元</td><td>角</td><td>分</td></tr>
<tr><td>电话费</td><td></td><td>3</td><td>0</td><td>0</td><td>0</td><td>0</td><td rowspan="4"></td></tr>
<tr><td></td><td></td><td></td><td></td><td></td><td></td><td></td></tr>
<tr><td></td><td></td><td></td><td></td><td></td><td></td><td></td></tr>
<tr><td></td><td></td><td></td><td></td><td></td><td></td><td></td><td></td></tr>
<tr><td>合　计
人民币　　（大写）叁佰元整</td><td>合计</td><td>¥</td><td>3</td><td>0</td><td>0</td><td>0</td><td>0</td><td></td></tr>
</table>

第二联：发票联（顾客报销凭证）③

填票人　　　　收款人　　　　业户名称及地址（章）：广州长堤电信局

1 月 6 日

8. 通知银行同意承付前欠立新零件厂货款 8 600 元

8 –1

中国工商银行电汇凭证（回单）

委托日期　2023 年 1 月 6 日　　　　第 210 号

<table>
<tr><td rowspan="3">汇款人</td><td>全称</td><td colspan="3">美登家电厂</td><td rowspan="3">收款人</td><td>全　称</td><td colspan="3">立新零件厂</td></tr>
<tr><td>账　号
或住址</td><td colspan="3">015 – 8345006</td><td>账　号
或住址</td><td colspan="3">018 – 1459801</td></tr>
<tr><td>汇　出
地　点</td><td>广东省
广州市</td><td>汇出行
名　称</td><td>工行白
云路办</td><td>汇　入
地　点</td><td>广东省
佛山市</td><td>汇入行
名　称</td><td>工行
西村办</td></tr>
</table>

<table>
<tr><td rowspan="2">金额</td><td rowspan="2">人民币
（大写）</td><td rowspan="2">捌仟陆佰元整</td><td>千</td><td>百</td><td>十</td><td>万</td><td>千</td><td>百</td><td>十</td><td>元</td><td>角</td><td>分</td></tr>
<tr><td></td><td></td><td></td><td>¥</td><td>8</td><td>6</td><td>0</td><td>0</td><td>0</td><td>0</td></tr>
<tr><td colspan="3">汇款用途：偿还货款</td><td colspan="10" rowspan="3">汇出行盖章

年　　月　　日</td></tr>
<tr><td colspan="3">上列款项已根据委托办理，如需查询，请持此回单来行面洽。</td></tr>
<tr><td colspan="3">单位主管　　会计　　复核　　记账</td></tr>
</table>

此联为汇出行给汇款人的回单

9. **向华发批发商场销售电冰箱30台，售价每台5 500元，增值税税率13%。收到对方交来支票**

9 -1

国统一发票监制

广东省增值税专用发票 №

发票联

国家税务总局监制

开票日期： 年 月 日

国税函［2020]200号美登家电厂

购货单位	名 称： 纳税人识别号： 地 址、电 话： 开户行及账号：				密码区	（略）		
	货物或应税劳务名称	规格型号	单位	数量	单价	金额	税率	税额
	价税合计（大写）							
销货单位	名 称： 纳税人识别号： 地 址、电 话： 开户行及账号：				备注	美登家电厂 440105200632739 发票专用章		

第四联：记账联 销货方记账凭证

收款人： 复核： 开票人： 销货单位：（章）

备注：

购货单位：华发批发商场 地址：广州市小北路50号 电话：020－83425611

税务登记号：330103100624358

开户银行及账号：工行小北路办 015－6643578

结算方式：支票

9－2

送 货 单

No 0033863

收货单位：

地　　址：　　　　　　　　　　　　　　年　　月　　日

货物名称	单　位	数　量	单　价	金　额
合　计				
附　注				

第二联：回单

收货单位及经手人：　　　　　　　　送货单位及经手人：

9－3

中国工商银行支票（粤）　　广州 No. 038800004

出票日期（大写）贰零贰叁年零壹月零陆日　　付款行名称：小北路办

收款人：美登家电厂　　出票人账号：015－6643578

人民币（大写）	壹拾捌万陆仟肆佰伍拾元整	百	十	万	千	百	十	元	角	分

支票付款期十天

用途：........

上列款项请从我账户内支付

出票人签章

科目（借）：........

对方科目（贷）：........

复核　　记账

9－4

<table>
<tr><td colspan="16" rowspan="2">附加信息：</td><td>被背书人</td><td rowspan="4">（粘贴单处）</td></tr>
<tr><td rowspan="3">背书人签章
年　月　日</td></tr>
<tr><td colspan="8">身份证件名称：</td><td colspan="8">发证机关：</td></tr>
<tr><td>号码</td><td></td><td></td><td></td><td></td><td></td><td></td><td></td><td></td><td></td><td></td><td></td><td></td><td></td><td></td><td></td></tr>
</table>

提示：

①该支票由华发批发商场开出，本企业取得后交付银行办理转账。因此，该支票不作为销方的原始凭证。

②收到支票后应在支票的背面进行背书。

③填写银行进账单（9－5）连同支票交付银行。

9－5

中国工商银行（收账通知）

2023年1月6日　　　　第　　号

<table>
<tr><td rowspan="3">出票人</td><td>全　称</td><td colspan="2">华发批发商场</td><td rowspan="3">收款人</td><td>全　称</td><td colspan="10">美登家电厂</td><td rowspan="7">此联是持票人开户银行交给持票人的收账通知</td></tr>
<tr><td>账　号</td><td colspan="2">015－6643578</td><td>账　号</td><td colspan="10">015－8345006</td></tr>
<tr><td>开户银行</td><td colspan="2">工行广州小北路办</td><td>开户银行</td><td colspan="10">工行广州白云路办</td></tr>
<tr><td rowspan="2">金额</td><td rowspan="2">人民币（大写）</td><td colspan="4" rowspan="2">壹拾捌万陆仟肆佰伍拾元整</td><td>千</td><td>百</td><td>十</td><td>万</td><td>千</td><td>百</td><td>十</td><td>元</td><td>角</td><td>分</td></tr>
<tr><td></td><td>¥</td><td>1</td><td>8</td><td>6</td><td>4</td><td>5</td><td>0</td><td>0</td><td>0</td></tr>
<tr><td colspan="2">票据种类</td><td colspan="4">支票</td><td colspan="10" rowspan="3">持票人开户行（盖章）</td></tr>
<tr><td colspan="2">票据张数</td><td colspan="4">1</td></tr>
<tr><td colspan="6">单位主管　　会计　　复核　　记账</td></tr>
</table>

备注：收到支票，已送银行，凭进账单记账。

★1 月 7 日

10. 向工商银行广州分行白云路支行借入的部分短期借款已到期，偿还本金 50 000 元，支付利息 3 510 元，已预提 3 000 元

10－1

中国工商银行广州分行白云路支行短期贷款利息结算通知

2023 年 1 月 7 日

借款人（单位）名称	美登家电厂
借款金额（人民币）	伍万元整 ￥50000
借款期限	2022 年 1 月 5 日—2023 年 1 月 5 日 偿还方式：扣划
借款利率	7.02%
借款利息（人民币）	叁仟伍佰壹拾元整 ￥3510
贷款利息扣划日期	2023 年 1 月 7 日

10－2

支付银行短期借款利息计算单

2023 年 1 月 7 日

项　　目	金额（元）
借款金额	50 000
借款利息	3 510
已预提利息费用	3 000
本期应承担利息支出	510
实际应付利息、借款合计	53 510

★1 月 8 日

11. **开出支票支付电视广告设计费用 5 000 元**

11－1

广东省广州市服务业发票

发　票　联

地税监
(10843－040835)
8104－1257181

顾客名称：美登家电厂　　　地址：　　　　　　2023 年 1 月 8 日填发

货品名称及规格	件数	单位	数　量	单　价	超过拾万元无效	金额 十	万	千	百	十	元	角	分
电视广告设计费								5	0	0	0	0	0
合　计 人民币	（大写）伍仟元整				合计		¥	5	0	0	0	0	0

第二联：客户报账凭证

开票人　　　　收款人：李伟星　　　　收款单位及地址（章）：润华广告公司

11－2

中国工商银行支票存根（粤）
No. 56430015
科　目：........
对方科目：........
出票日期　　年　月　日
收款人：........
金　额：........
用　途：........
单位主管　　　会计

中国工商银行支票（粤）　广州 No. 56430015

出票日期（大写）　　年　月　日　　付款行名称：白云路办
收款人：　　　　　　　　　　　　　出票人账号：015－8345006

人民币（大写）	百	十	万	千	百	十	元	角	分

本支票付款期十天

用途........
上列款项请从　　　　　　科目（借）........
我账户内支付　　　　　　对方科目（贷）........
出票人签章

复核　　　　记账

12. **接银行通知，收到华发批发商场汇来上月欠款 5 900 元**

12－1

银行进账单

（回单或收账通知）

2023 年 1 月 8 日

<table>
<tr><td rowspan="3">收款人</td><td>全称</td><td colspan="11">美登家电厂</td></tr>
<tr><td>账号</td><td colspan="11">015－8345006</td></tr>
<tr><td>开户银行</td><td colspan="11">工行白云路办</td></tr>
<tr><td colspan="2" rowspan="2">人民币</td><td>千</td><td>百</td><td>十</td><td>万</td><td>千</td><td>百</td><td>十</td><td>元</td><td>角</td><td>分</td></tr>
<tr><td></td><td></td><td></td><td>¥</td><td>5</td><td>9</td><td>0</td><td>0</td><td>0</td><td>0</td></tr>
<tr><td rowspan="3">付款人</td><td>全称</td><td colspan="10">华发批发商场</td></tr>
<tr><td>账号</td><td colspan="10">015－6643578</td></tr>
<tr><td>开户银行</td><td colspan="10">工行小北路办</td></tr>
<tr><td colspan="2">款项来源</td><td colspan="10">收回上月欠款</td></tr>
<tr><td colspan="12">收款人开户银行盖章</td></tr>
</table>

★1 月 9 日

13．**从银行提取现金 2 000 元**

13－1

<table>
<tr><td rowspan="2">中国工商银行支票存根（粤）
No. 56430016
科　目：········
对方科目：········
出票日期　　年　月　日
收款人：········
金　额：········
用　途：········
单位主管　　会计</td><td>中国工商银行支票（粤）　广州 No. 56430016
出票日期（大写）　　年　月　日　　付款行名称：白云路办
收款人：　　　　　　　　　　　　出票人账号：015－8345006</td></tr>
<tr><td>
<table><tr><td rowspan="2">人民币（大写）</td><td>百</td><td>十</td><td>万</td><td>千</td><td>百</td><td>十</td><td>元</td><td>角</td><td>分</td></tr><tr><td></td><td></td><td></td><td></td><td></td><td></td><td></td><td></td><td></td></tr></table>
本支票付款期十天
用途：········
上列款项请从　　　　科目（借）：········
我账户内支付　　　　对方科目（贷）：········
出票人签章
复核　　　记账</td></tr>
</table>

14．**李琴出差到杭州参加产品展销会，预借差旅费用 1 500 元，以现金支付**

14－1

借　支　单

2023 年 1 月 9 日

<table>
<tr><td>部门</td><td>销售部</td><td>职务</td><td>副经理</td><td>借款人</td><td>李琴</td><td>盖章</td><td></td></tr>
<tr><td colspan="6">借款原因
出差杭州参加产品展销会
附件________</td><td colspan="2">还款日期
______年
___月___日</td></tr>
<tr><td colspan="5">借支金额（大写）
壹仟伍佰元整　　　　¥ 1500</td><td>批准人</td><td colspan="2">李明</td></tr>
</table>

15. **向新兴百货公司销售电视机 10 台，每台售价 3 500 元，增值税税率 13%；电冰箱 20 台，每台售价 5 500 元，增值税税率 13%。电视机款项及增值税已收到，转存银行，但电冰箱款项及增值税尚欠**

15－1

全国统一发票监制 发票联 国家税务总局监制

广东省增值税专用发票 №

开票日期： 年 月 日

国税函［2020］200号美登家电厂

购货单位	名　　称： 纳税人识别号： 地 址、电 话： 开户行及账号：				密码区	（略）		
货物或应税劳务名称		规格型号	单位	数量	单价	金额	税率	税额
价税合计（大写）								
销货单位	名　　称： 纳税人识别号： 地 址、电 话： 开户行及账号：				备注	美登家电厂 440105200632739 发票专用章		

第四联：记账联 销货方记账凭证

收款人： 复核： 开票人： 销货单位：（章）

备注：

购货单位：新兴百货公司 开户银行及账号：工行环市东办 018－2678100

税务登记号：501432860091235 结算方式：部分货款信汇结算

电话：020－83315116

地址：广州市环市东路 115 号

15 －2

中国工商银行电汇凭证（回单）　　1

委托日期　2023 年 1 月 9 日　　　　　　　　第 8 号

<table>
<tr><td rowspan="3">汇款人</td><td>全称</td><td colspan="3">新兴百货公司</td><td rowspan="3">收款人</td><td>全　称</td><td colspan="3">美登家电厂</td></tr>
<tr><td>账　号
或住址</td><td colspan="3">018 －2678100</td><td>账　号
或住址</td><td colspan="3">015 －8345006</td></tr>
<tr><td>汇　出
地　点</td><td>广东省
广州市</td><td>汇出行
名　称</td><td>工行环
市东办</td><td>汇　入
地　点</td><td>广东省
广州市</td><td>汇入行
名　称</td><td>工行白
云路办</td></tr>
</table>

<table>
<tr><td rowspan="2">金额</td><td rowspan="2">人民币
（大写）</td><td rowspan="2">叁万玖仟伍佰伍拾元整</td><td>千</td><td>百</td><td>十</td><td>万</td><td>千</td><td>百</td><td>十</td><td>元</td><td>角</td><td>分</td></tr>
<tr><td></td><td></td><td>¥</td><td>3</td><td>9</td><td>5</td><td>5</td><td>0</td><td>0</td><td>0</td></tr>
<tr><td colspan="3">汇款用途：销货款</td><td colspan="10">汇出行盖章

年　　月　　日</td></tr>
</table>

此联为汇出行给汇款人的回单

单位主管　　　　　会计　　　　　复核　　　　　记账

★1 月 10 日

16. **开出支票，支付上月应交企业所得税** 2 152.80 **元，应交个人所得税** 823 **元，应交增值税** 1 442 **元，应交城建税** 100.94 **元，应交教育费附加** 43.26 **元，共计** 4 562 **元**

16－1

国家税务总局 税收 总局监制

中华人民共和国税收缴款书

经济类型：有限公司　　填制日期：2023 年 1 月 10 日　　征收机关：市国税局

预算科目 款项		缴款人 全称	美登家电厂
级次		账号	015－8345006
收缴金库	市国库	开户银行	工商银行广州分行白云路办
税款所属时期：2022 年 12 月		税款限缴日期：2023 年 1 月 10 日	

品目名称	课税数量	计税金额或销售收入	税率或单位税额	已缴或扣除额	百	十	万	千	百	十	元	角	分
增值税		230000	13%	28458			¥	1	4	4	2	0	0
金额合计（大写）：壹仟肆佰肆拾贰元整							¥	1	4	4	2	0	0

缴款单位经办人	税务机关（印章）填票人（章）［美登家电厂 财务专用章］	上列款项已收妥并划转收款单位账户 收款银行（印章） 2023 年 1 月 10 日［广东省广州市国家税务局 征税专用章］	备注［中国工商银行 广州白云路支行 2023.01.10］

第一联：（收据）国库收款盖章后退缴款单位作完税凭证

（无银行收讫章无效）逾期不缴按税法规定加收滞纳金，此联代申报表，税务机关要求的其他资料，另行报送。

16－2

中华人民共和国税收缴款书

经济类型：有限公司　　填制日期：2023 年 1 月 10 日　　征收机关：市国税局

预算科目		缴款人	
款　项		全　称	美登家电厂
级　次	地　税	账　号	015－8345006
收缴金库	市国库	开户银行	工商银行广州分行白云路办
税款所属时期：2022 年 12 月		税款限缴日期：2023 年 1 月 10 日	

品目名称	课税数量	计税金额或销售收入	税率或单位税额	已缴或扣除额	实缴金额 百	十	万	千	百	十	元	角	分
城建税		1442	7%						1	0	0	9	4
教育费附加		1442	3%							4	3	2	6
金额合计（大写）：壹佰肆拾肆元贰角零分								¥	1	4	4	2	0

缴款单位经办人	税务机关（印章）填票人（章）	上列款项已收妥并划转收款单位账户 收款银行（印章） 2023 年 1 月 10 日	备注 中国工商银行 广州白云路支行 2023.01.10

第一联：（收据）国库收款盖章后退缴款单位作完税凭证

（无银行收讫章无效）逾期不缴按税法规定加收滞纳金，此联代申报表，税务机关要求的其他资料，另行报送。

16－3

中华人民共和国税收缴款书

经济类型：有限公司　　填制日期：2023 年 1 月 10 日　　征收机关：市国税局

预算科目	款　项		缴款人	全　称	美登家电厂
	级　次			账　号	015－8345006
	收缴金库	市国库		开户银行	工商银行广州分行白云路办
税款所属时期：2022 年 12 月			税款限缴日期：2023 年 1 月 10 日		

品目名称	课税数量	计税金额或销售收入	税率或单位税额	已缴或扣除额	实缴金额 百	十	万	千	百	十	元	角	分
企业所得税		8611.20	25%				¥	2	1	5	2	8	0
金额合计（大写）：贰仟壹佰伍拾贰元捌角零分							¥	2	1	5	2	8	0

缴款单位经办人	税务机关（印章） 填票人（章）	上列款项已收妥并划转收款单位账户 收款银行（印章） 2023 年 1 月 10 日	备注

第一联：（收据）国库收款盖章后退缴款单位作完税凭证

（无银行收讫章无效）逾期不缴按税法规定加收滞纳金，此联代申报表，税务机关要求的其他资料，另行报送。

16－4

中华人民共和国税收缴款书

国家税务总局监制　税收

经济类型：有限公司　　填制日期：2023 年 1 月 10 日　　征收机关：市国税局

预算科	款　项		缴款人	全　称	美登家电厂
	级　次	地　税		账　号	015－8345006
	收缴金库	市国库		开户银行	工商银行广州分行白云路办
税款所属时期：2022 年 12 月			税款限缴日期：2023 年 1 月 10 日		

品目名称	课税数量	计税金额或销售收入	税率或单位税额	已缴或扣除额	百	十	万	千	百	十	元	角	分
个人所得税（代扣）								¥	8	2	3	0	0
金额合计（大写）：捌佰贰拾叁元整								¥	8	2	3	0	0

(表头"实缴金额"横跨百至分各栏)

缴款单位经办人	税务机关（印章）填票人（章）	上列款项已收妥并划转收款单位账户 收款银行（印章） 2023 年 1 月 10 日	备注

印章：美登家电厂 财务专用章；广东省广州市国家税务局 征税专用章；中国工商银行 广州白云路支行 2023.01.10

第一联：（收据）国库收款盖章后退缴款单位作完税凭证

（无银行收讫章无效）逾期不缴按税法规定加收滞纳金，此联代申报表，税务机关要求的其他资料，另行报送。

16－5

中国工商银行支票存根（粤）
No. 56430017
科　目：........
对方科目：........
出票日期　　年　月　日
收款人：........
金　额：........
用　途：........
单位主管　　会计

中国工商银行支票（粤） 广州 No. 56430017

出票日期（大写）　　年　月　日　　付款行名称：白云路办
收款人：　　　　　　　　　　　　　出票人账号：015－8345006

人民币（大写）	百	十	万	千	百	十	元	角	分

本支票付款期十天

用途：........
上列款项请从
我账户内支付
出票人签章

科目（借）：........
对方科目（贷）：........

复核　　　　记账

17. **向立新零件厂购进乙材料** 1 000 **千克，每千克** 4. 55 **元，增值税** 591. 5 **元。材料验收入库，但货款和增值税未付**

17 －1

001012649　　　　广东省增值税专用发票　　　　№ 22348921

国统一发票监制　发票联　国家税务总局监制

开票日期：2023 年 1 月 10 日

购货单位	名　　称：美登家电厂 纳税人识别号：440105200632739 地 址、电 话：广州市白云路 10 号 020 －83345102 开户行及账号：工行白云路办 015 －8345006				密码区	（略）	
货物或应税劳务名称	规格型号	单位	数量	单价	金额	税率	税额
乙材料		kg	1000	4. 55	4550. 00	13%	591. 50
价税合计（大写）	伍仟壹佰肆拾壹元伍角零分　（小写）￥5141. 50						
销货单位	名　　称：立新零件厂 纳税人识别号：440010264932592 地 址、电 话：番禺市桥路 29 号 020 －34282526 开户行及账号：工行 015 －7823401				备注	立新零件厂 440010264932592 发票专用章	

国税函［2020］555号立新零件厂

第二联：发票联　购货方记账凭证

收款人：黄明　　复核：李伟明　　开票人：陈丽　　销货单位：（章）

17－2

001012649　　**广东省增值税专用发票**　　№ 22348921

发票联

开票日期：2023 年 1 月 10 日

购货单位	名　　称：美登家电厂 纳税人识别号：440105200632739 地 址、电 话：广州市白云路 10 号 020－83345102 开户行及账号：工行白云路办 015－8345006				密码区	（略）		
货物或应税劳务名称		规格型号	单位	数量	单价	金额	税率	税额
乙材料			kg	1000	4.55	4550.00	13%	591.50
价税合计（大写）		伍仟壹佰肆拾壹元伍角零分				（小写）￥5141.50		
销货单位	名　　称：立新零件厂 纳税人识别号：440010264932592 地 址、电 话：番禺市桥路 29 号 020－34282526 开户行及账号：工行 015－7823401				备注	立新零件厂 440010264932592 发票专用章		

国税函［2020］555号立新零件厂

第三联：抵扣联　购货方扣税凭证

收款人：黄明　　复核：李伟明　　开票人：陈丽　　销货单位：（章）

提示：由于该批材料尚未支付，进仓单暂不填制。

★1 月 11 日

18. **以现金支付从立新零件厂购进的乙材料运费 450 元**

18 –1

广州市运输业专用发票

客户名称：美登家电厂　　2023 年 1 月 11 日　　第 5848 号

<table>
<tr><td rowspan="2">项　目</td><td rowspan="2">路　途</td><td colspan="8"></td><td rowspan="5">第二联：交对方</td></tr>
<tr><td rowspan="4">超过十万元无效</td><td>万</td><td>千</td><td>百</td><td>十</td><td>元</td><td>角</td><td>分</td></tr>
<tr><td>运　费</td><td>由佛山运回广州</td><td></td><td></td><td>4</td><td>5</td><td>0</td><td>0</td><td>0</td></tr>
<tr><td></td><td></td><td></td><td></td><td></td><td></td><td></td><td></td><td></td></tr>
<tr><td>合　计</td><td></td><td></td><td>¥</td><td>4</td><td>5</td><td>0</td><td>0</td><td>0</td></tr>
<tr><td colspan="10">人民币合计（大写）肆佰伍拾元整</td></tr>
<tr><td>备　注</td><td colspan="9">前购乙材料运费</td></tr>
<tr><td colspan="10">单位（盖章）：广汽公司　　会计：　　复核：　　制单：</td></tr>
</table>

18 –2

进　仓　单

字　号

供货单位________________　　年　月　日

<table>
<tr><td colspan="3">产　品</td><td rowspan="2">单位</td><td rowspan="2">数量</td><td rowspan="2">单价</td><td colspan="7">成本总额</td><td colspan="2">产品明细账</td><td rowspan="2">说明</td><td rowspan="8">第二联：财会</td></tr>
<tr><td>编号</td><td>名　称</td><td>规格</td><td>万</td><td>千</td><td>百</td><td>十</td><td>元</td><td>角</td><td>分</td><td>号</td><td>页</td></tr>
<tr><td></td><td></td><td></td><td></td><td></td><td></td><td></td><td></td><td></td><td></td><td></td><td></td><td></td><td></td><td></td><td></td></tr>
<tr><td></td><td></td><td></td><td></td><td></td><td></td><td></td><td></td><td></td><td></td><td></td><td></td><td></td><td></td><td></td><td></td></tr>
<tr><td></td><td></td><td></td><td></td><td></td><td></td><td></td><td></td><td></td><td></td><td></td><td></td><td></td><td></td><td></td><td></td></tr>
<tr><td></td><td></td><td></td><td></td><td></td><td></td><td></td><td></td><td></td><td></td><td></td><td></td><td></td><td></td><td></td><td></td></tr>
<tr><td></td><td></td><td></td><td></td><td></td><td></td><td></td><td></td><td></td><td></td><td></td><td></td><td></td><td></td><td></td><td></td></tr>
<tr><td></td><td></td><td></td><td></td><td></td><td></td><td></td><td></td><td></td><td></td><td></td><td></td><td></td><td></td><td></td><td></td></tr>
</table>

会计　　记账　　保管　　验收　　主管部门　　缴仓　　制单

提示：先计算乙材料单价，包括货价及运费，然后再填制进仓单。

★1 月 12 日

19. **从银行提取现金 56 000 元**

19 -1

中国工商银行支票存根（粤）
No. 56430018
科　目:........
对方科目:........
出票日期　　年　月　日
收款人:........
金　额:........
用　途:........
单位主管　　会计

中国工商银行支票（粤） 广州 No. 56430018

出票日期（大写）　　年　月　日　　付款行名称：白云路办
收款人：　　出票人账号：015 - 8345006

人民币（大写）	百	十	万	千	百	十	元	角	分

本支票付款期十天

用途:........
上列款项请从我账户内支付
出票人签章

科目（借）:........
对方科目（贷）:........

复核　　记账

20. **以现金发放在职工工资 56 000 元**

20 -1

工资结算表

部门：生产（电视机）车间工人　　2023 年 1 月份

姓　名	基本工资	奖　金	津　贴	合　计	签　名	备　注
梁　伟	950	500	410	1 860	梁　伟	
张天烁	800	300	380	1 480	张天烁	
王晓海	800	300	350	1 450	王晓海	
黄　娟	800	350	350	1 500	黄　娟	
李彩霞	850	350	320	1 520	李彩霞	
陈　升	750	100	280	1 130	陈　升	
陈　辉	750	100	210	1 060	陈　辉	
合　计	5 700	2 000	2 300	10 000		

主管：梁伟　　制表人：黄娟

20－2

工资结算表

部门：生产（电冰箱）车间工人　　　　2023 年 1 月份

姓　名	基本工资	奖　金	津　贴	合　计	签　名	备　注
李永康	1 300	1 500	500	3 300	李永康	
张　明	1 100	1 350	430	2 880	张　明	
陈东霞	900	1 350	400	2 650	陈东霞	
黄丽云	880	1 320	350	2 550	黄丽云	
邹　玲	860	1 250	350	2 460	邹　玲	
李　强	820	1 250	350	2 420	李　强	
宋　帆	850	1 100	350	2 300	宋　帆	
张　晓	850	1 100	280	2 230	张　晓	
张惠玲	800	1 050	280	2 130	张惠玲	
陈伟明	730	980	280	1 990	陈伟明	
陈明珠	730	960	280	1 970	陈明珠	
王　华	780	960	220	1 960	王　华	
陈伟强	780	900	220	1 900	陈伟强	
李敏仪	720	850	200	1 770	李敏仪	
何　辉	720	750	200	1 670	何　辉	
宋小敏	638	630	152	1 420	宋小敏	
张珊珊	600	600	150	1 350	张珊珊	
陈　慧	600	300	150	1 050	陈　慧	
合　计	14 658	18 200	5 142	38 000		

主管：李永康　　　　制表人：李敏仪

20－3

工资结算表

部门：车间管理人员　　　　2023 年 1 月份

姓　名	基本工资	奖　金	津　贴	合　计	签　名
张有为	900	500	600	2 000	张有为
合　计	900	500	600	2 000	

主管：张有为　　　　制表人：李敏仪

20－4

工资结算表

部门：厂部管理人员　　　　　　　　　　　　　　　　　　2023 年 1 月份

姓　名	基本工资	奖　金	津　贴	合　计	签　名
张　勇	1 100	650	350	2 100	张　勇
李　琴	1 200	550	250	2 000	李　琴
马日强	980	520	400	1 900	马日强
合　计	3 280	1 720	1 000	6 000	

主管：张勇　　　　　　　　　　　　制表人：李琴

★1 月 13 日

21. **根据工资汇总表分配结转应付工资**

21－1

工资汇总表

年　月　日

应借科目＼部门		车间	管理部门	合　计
生产成本	电视机			
	电冰箱			
制造费用				
管理费用				
合　　计				

22. **填制职工福利费分配表，按工资总额14%提取应付福利费**

22－1

职工福利费分配表

计提比例：14%

应借科目 \ 部门		工资总额	应付福利费	合　计
生产成本	电视机			
	电冰箱			
制造费用				
管理费用				
合　　计				

★1 月 14 日

23. **接受达飞公司对美登家电厂的投资300 000元，其中设备一台，价值160 000元，银行存款140 000元**

23－1

联营合同（主要条款）

甲方：达飞公司　　　　　　　　　　　　乙方：美登家电厂

为扩大美登家电厂经营，经双方协商，决定由甲、乙双方联营。由甲方对乙方投资叁拾万元，其中设备一台，价值壹拾陆万元，现款壹拾肆万元，占投资40%。经营期限10年。盈亏按出资比例分配。

甲方（盖章）：达飞公司　　　　　　　　乙方（盖章）：美登家电厂

2023年1月14日　　　　　　　　　　　　2023年1月14日

23 －2

银行 进账单

（回单或收账通知）

2023 年 1 月 14 日

<table>
<tr><td rowspan="3">收款人</td><td>全称</td><td colspan="10">美登家电厂</td></tr>
<tr><td>账号</td><td colspan="10">015 －8345006</td></tr>
<tr><td>开户银行</td><td colspan="10">工行白云路办</td></tr>
<tr><td colspan="2" rowspan="2">人民币</td><td>千</td><td>百</td><td>十</td><td>万</td><td>千</td><td>百</td><td>十</td><td>元</td><td>角</td><td>分</td></tr>
<tr><td></td><td>¥</td><td>1</td><td>4</td><td>0</td><td>0</td><td>0</td><td>0</td><td>0</td><td>0</td></tr>
<tr><td rowspan="3">付款人</td><td>全称</td><td colspan="10">达飞公司</td></tr>
<tr><td>账号</td><td colspan="10">015 －8465002</td></tr>
<tr><td>开户银行</td><td colspan="10">工行环市西办</td></tr>
<tr><td colspan="2">款项来源</td><td colspan="10">投资款</td></tr>
<tr><td colspan="12">收款人开户银行盖章</td></tr>
</table>

23 －3

固定资产验收单

<table>
<tr><td>设备名称</td><td colspan="3">A3 型车床</td><td>设备来源</td><td>达飞公司</td><td>取得原因</td><td>接受投资</td></tr>
<tr><td>原值</td><td colspan="3">160 000 元</td><td>已提折旧</td><td></td><td>折旧率</td><td></td></tr>
<tr><td>规格</td><td></td><td>数量</td><td>一台</td><td>生产厂家</td><td></td><td>使用部门</td><td>车间</td></tr>
<tr><td>可使用年限</td><td colspan="3">10 年</td><td>验收日期</td><td colspan="3">2023 年 1 月 14 日</td></tr>
</table>

★1 月 15 日

24. **开出支票，向希望工程捐款 5 000 元**

24 - 1

希望工程捐款收据
希望工程基金会捐款专用

2023 年 1 月 15 日

今收到，美登家电厂希望工程捐款

金额（大写）伍仟元整

¥5000 元

第二联：捐款方报销用

会计 记账 出纳 经手人

24 - 2

中国工商银行支票存根（粤）
No. 56430019
科 目：........
对方科目：........
出票日期 年 月 日
收款人：........
金 额：........
用 途：........
单位主管 会计

中国工商银行支票（粤） 广州 No. 56430019

出票日期（大写） 年 月 日 付款行名称：白云路办
收款人： 出票人账号：015 - 8345006

人民币（大写）	百	十	万	千	百	十	元	角	分

本支票付款期十天

用途：........
上列款项请从 科目（借）：........
我账户内支付 对方科目（贷）：........
出票人签章

复核 记账

25. **接银行通知，收到星光零售商场承付上月所欠货款 3 100 元**

25－1

银行进账单

（回单或收账通知）

2023 年 1 月 15 日

<table>
<tr><td rowspan="3">收
款
人</td><td>全称</td><td colspan="10">美登家电厂</td></tr>
<tr><td>账号</td><td colspan="10">015－8345006</td></tr>
<tr><td>开户银行</td><td colspan="10">工行白云路办</td></tr>
<tr><td colspan="2" rowspan="2">人民币</td><td>千</td><td>百</td><td>十</td><td>万</td><td>千</td><td>百</td><td>十</td><td>元</td><td>角</td><td>分</td></tr>
<tr><td></td><td></td><td></td><td>¥</td><td>3</td><td>1</td><td>0</td><td>0</td><td>0</td><td>0</td></tr>
<tr><td rowspan="3">付
款
人</td><td>全称</td><td colspan="10">星光零售商场</td></tr>
<tr><td>账号</td><td colspan="10">018－6643221</td></tr>
<tr><td>开户银行</td><td colspan="10">工行解放路办</td></tr>
<tr><td colspan="2">款项来源</td><td colspan="10">收到欠款</td></tr>
<tr><td colspan="12">收款人开户银行盖章</td></tr>
</table>

★**1 月 16 日**

26. **以支票支付保险公司 2023 年全年财产保险费用 2 400 元**

26－1

中华人民共和国保险公司
保险费收据

No. 0865328

2023 年 1 月 16 日

收到	美登家电厂
交来	财产保险费：2400 元（保险期限：2023 年 1 月 1 日至 12 月 31 日）
人民币（大写）	贰仟肆佰元整
	太平洋保险有限公司（章）

第三联：保户报销

复核：　　　　　　　　　　制单：

26－2

中国工商银行支票存根（粤） No. 56430020 科　目:........ 对方科目:........ 出票日期　　年　月　日 收款人:........ 金　额:........ 用　途:........ 单位主管　　会计	**中国工商银行支票（粤）** 广州 No. 56430020 出票日期（大写）　　年　月　日　　付款行名称：白云路办 收款人：　　出票人账号：015－8345006 人民币（大写）　百 十 万 千 百 十 元 角 分 本支票付款期十天 用途:........ 上列款项请从我账户内支付　　科目（借）:........ 出票人签章　　对方科目（贷）:........ 复核　　记账

27. **接受永安电脑公司赠与的**20**台电脑，价值**80 000**元**

27－1

固定资产验收单

设备名称	785 电脑			设备来源	永安电脑公司	取得原因	接受捐赠
原值	80000 元			已提折旧		折旧率	
规格		数量	20 台	生产厂家		使用部门	车间
可使用年限	10 年			验收日期	2023 年 1 月 16 日		

★1 **月** 17 **日**

28. **接银行通知，星光零售商场汇来本月销售电视机货款及增值税** 316 400 **元**

28－1

银行进账单

（回单或收账通知）

2023 年 1 月 17 日

<table>
<tr><td rowspan="3">收款人</td><td>全称</td><td colspan="10">美登家电厂</td></tr>
<tr><td>账号</td><td colspan="10">015－8345006</td></tr>
<tr><td>开户银行</td><td colspan="10">工行白云路办</td></tr>
<tr><td colspan="2" rowspan="2">人民币</td><td>千</td><td>百</td><td>十</td><td>万</td><td>千</td><td>百</td><td>十</td><td>元</td><td>角</td><td>分</td></tr>
<tr><td></td><td>¥</td><td>3</td><td>1</td><td>6</td><td>4</td><td>0</td><td>0</td><td>0</td><td>0</td></tr>
<tr><td rowspan="3">付款人</td><td>全称</td><td colspan="10">星光零售商场</td></tr>
<tr><td>账号</td><td colspan="10">018－6643221</td></tr>
<tr><td>开户银行</td><td colspan="10">工行解放路办</td></tr>
<tr><td colspan="2">款项来源</td><td colspan="10">收到货款</td></tr>
<tr><td colspan="12">收款人开户银行盖章</td></tr>
</table>

★1 月 18 日

29. **向民礼配件厂购进丁材料 1 200 千克，单价 18 元，增值税 2 808 元；丙材料 800 千克，单价 58 元，增值税 6 032 元。为该两种材料支付共同运费 4 000 元（运费按重量分配）。所有款项以支票支付，材料已验收入库**

29 －1

4011055689　　**广东省增值税专用发票**　　№ 20054173

全国统一发票监制　发票联　国家税务总局监制

开票日期：2023 年 1 月 18 日

国税函［2020］100号民礼配件厂

购货单位	名　　　　称：美登家电厂 纳税人识别号：440105200632739 地 址、电 话：广州市白云路 10 号 020－83345102 开户行及账号：工行白云路办 015－8345006					密码区	（略）	
货物或应税劳务名称	规格型号	单位	数量	单价	金额	税率	税额	
丁材料		kg	1200	18	21600	13%	2808	
丙材料		kg	800	58	46400	13%	6032	
价税合计（大写）	柒万陆仟捌佰肆拾元整				（小写）￥76840.00			
销货单位	名　　　　称：民礼配件厂 纳税人识别号：440108002315673 地 址、电 话：增城永红路 11 号 020－66729210 开户行及账号：工行增城办 017－823056					备注	民礼配件厂 440108002315673 发票专用章	

第二联：发票联　购货方记账凭证

收款人：王刚　　复核：李华　　开票人：陈小丽　　销货单位：（章）

29－2

4011055689　　**广东省增值税专用发票**　　№ 20054173

全国统一发票监制　发票联　国家税务总局监制

开票日期：2023 年 1 月 18 日

国税函［2020］100号民礼配件厂

购货单位	名称：美登家电厂 纳税人识别号：440105200632739 地址、电话：广州市白云路 10 号 020－83345102 开户行及账号：工行白云路办 015－8345006					密码区	（略）		
货物或应税劳务名称		规格型号	单位	数量	单价	金额		税率	税额
丁材料			kg	1200	18	21600		13%	2808
丙材料			kg	800	58	46400		13%	6032
价税合计（大写）		柒万陆仟捌佰肆拾元整				（小写）￥76840.00			
销货单位	名称：民礼配件厂 纳税人识别号：440108002315673 地址、电话：增城永红路 11 号 020－66729210 开户行及账号：工行增城办 017－823056					备注	民礼配件厂 440108002315673 发票专用章		

第三联：抵扣联　购货方扣税凭证

收款人：王刚　　复核：李华　　开票人：陈小丽　　销货单位：（章）

29－3

广东省广州市运输业专用发票

发　票　联　　　　No. 346529

顾客名称：美登家电厂

地　　址：　　　　2023 年 1 月 18 日填发

项　目	超过壹万元无效	千	百	十	元	角	分	备　注
从佛山运货至广州运费		4	0	0	0	0	0	
合计人民币　（大写）肆仟元整	合计	4	0	0	0	0	0	

第二联：发票联（顾客报销凭证）③

填票人　　　收款人　　　业户名称及地址（章）：广博运输公司

29－4

材料购进运杂费分配表

年　月　日

发货单位				
材料名称	分配标准	分配率	分配金额	备注
丁材料				
丙材料				
合　计				

提示：运杂费用按所购材料重量分配。

29－5

进　仓　单

字　号

供货单位________　　　　年　月　日

产　品			单位	数量	单价	成本总额							产品明细账		说明
编号	名　称	规格				万	千	百	十	元	角	分	号	页	

第二联：财会

会计　　记账　　保管　　验收　　主管部门　　缴仓　　制单

29－6

中国工商银行支票存根（粤）	中国工商银行支票（粤）　广州 No. 56430021
No. 56430021	出票日期（大写）　年　月　日　付款行名称：白云路办
科　目：........	收款人：　出票人账号：015－8345006
对方科目：........	人民币（大写）　百 十 万 千 百 十 元 角 分
出票日期　年　月　日	本支票付款期十天
收款人：........	用途：........
金　额：........	上列款项请从我账户内支付　科目（借）：........
用　途：........	对方科目（贷）：........
单位主管　会计	出票人签章
	复核　记账

29－7

中国工商银行支票存根（粤）	中国工商银行支票（粤）　广州 No. 56430022
No. 56430022	出票日期（大写）　年　月　日　付款行名称：白云路办
科　目：........	收款人：　出票人账号：015－8345006
对方科目：........	人民币（大写）　百 十 万 千 百 十 元 角 分
出票日期　年　月　日	本支票付款期十天
收款人：........	用途：........
金　额：........	上列款项请从我账户内支付　科目（借）：........
用　途：........	对方科目（贷）：........
单位主管　会计	出票人签章
	复核　记账

提示：支付给民礼配件厂款项与支付给广博运输公司款项应分别各填制一张支票。

★1 月 19 日

30. **用现金购进** 630 **元办公用品，均由厂部办公部门领用**

30 －1

广东省广州市工商企业商品销售统一发票 国税监

（92458 －246994）

发 票 联　　　　No. 1505 －4473769

顾客名称：美登家电厂　　　　开户银行：

地　　址：　　　　账　　号：　　　　2023 年 1 月 19 日填发

<table>
<tr><td rowspan="2">货品名称及规格</td><td rowspan="2">件数</td><td rowspan="2">单位</td><td rowspan="2">数量</td><td rowspan="2">单价</td><td rowspan="5">超过拾万元无效</td><td colspan="7">金额</td></tr>
<tr><td>万</td><td>千</td><td>百</td><td>十</td><td>元</td><td>角</td><td>分</td></tr>
<tr><td>办公用品</td><td></td><td>批</td><td></td><td></td><td></td><td>¥</td><td>6</td><td>3</td><td>0</td><td>0</td><td>0</td></tr>
<tr><td></td><td></td><td></td><td></td><td></td><td></td><td></td><td></td><td></td><td></td><td></td><td></td></tr>
<tr><td></td><td></td><td></td><td></td><td></td><td></td><td></td><td></td><td></td><td></td><td></td><td></td></tr>
<tr><td colspan="5">合计人民币 （大写）陆佰叁拾元整</td><td>合计</td><td></td><td>¥</td><td>6</td><td>3</td><td>0</td><td>0</td><td>0</td></tr>
<tr><td>提货地点及日期</td><td>年 月 日</td><td>提货人</td><td colspan="2">运输队
年 月 日</td><td>备注</td><td colspan="7"></td></tr>
</table>

第二联：结算（报账）凭证

填票人　　　　收款人：宋明　　　　业户名称及地址（章）

31. **从银行提取现金 2 000 元**

31 －1

中国工商银行支票存根（粤）	中国工商银行支票（粤）　广州 No. 56430023
No. 56430023	出票日期（大写）　年　月　日　付款行名称：白云路办
科　目：........	收款人：　出票人账号：015 －8345006
对方科目：........	人民币（大写）　百 十 万 千 百 十 元 角 分
出票日期　年　月　日	本支票付款期十天
收款人：........	用途：........
金　额：........	上列款项请从我账户内支付　科目（借）：........
用　途：........	出票人签章　对方科目（贷）：........
单位主管　会计	复核　记账

★1 月 20 日

32. **职工邹玲报销参加广东电大学习培训费用 1 000 元，以现金支付**

32 －1

广东省行政事业单位非经营收入发票　粤地（99121）

发　票　联

顾客名称：邹玲

地　址：广州市白云路 10 号　2023 年 1 月 20 日填发

项　目	单位	数量	收费标准		金额 万	千	百	十	元	角	分	备　注
学习培训费		1	1000	超过拾万元无效		1	0	0	0	0	0	
合　计 人民币	（大写）壹仟元整				¥	1	0	0	0	0	0	

32－2

报销学习培训费申请书

2023 年 1 月 20 日

申请人	邹玲	申请事由	参加广东电大学习
报销金额	壹仟元整	¥1000	
领导意见	同意报销		

★1 月 21 日

33. **向新兴百货公司销售电冰箱** 20 **台，售价每台** 5 500 **元，增值税税率** 13%**，电冰箱已发出，但款项未收到**

33－1

广东省增值税专用发票　　№

全国统一发票监制　发票联　国家税务总局监制

开票日期：　　年　月　日

国税函［2020］200号美登家电厂

<table>
<tr><td rowspan="4">购货单位</td><td colspan="5">名　　称：</td><td rowspan="4">密码区</td><td colspan="3" rowspan="4">（略）</td></tr>
<tr><td colspan="5">纳税人识别号：</td></tr>
<tr><td colspan="5">地 址、电 话：</td></tr>
<tr><td colspan="5">开户行及账号：</td></tr>
<tr><td colspan="2">货物或应税劳务名称</td><td>规格型号</td><td>单位</td><td>数量</td><td>单价</td><td>金额</td><td>税率</td><td>税额</td></tr>
<tr><td colspan="2"></td><td></td><td></td><td></td><td></td><td></td><td></td><td></td></tr>
<tr><td colspan="2">价税合计（大写）</td><td colspan="7"></td></tr>
<tr><td rowspan="4">销货单位</td><td colspan="5">名　　称：</td><td rowspan="4">备注</td><td colspan="3" rowspan="4">美登家电厂
440105200632739
发票专用章</td></tr>
<tr><td colspan="5">纳税人识别号：</td></tr>
<tr><td colspan="5">地 址、电 话：</td></tr>
<tr><td colspan="5">开户行及账号：</td></tr>
</table>

第二联：发票联　购货方记账凭证

收款人：　　　复核：　　　开票人：　　　销货单位：（章）

备注：

购货单位：新兴百货公司　地址：广州市环市东路 115 号　电话：020－83315116

税务登记号：501432860091235

开户银行及账号：工行环市东办　018－2678100

结算方式：赊销

33－2

送货单

No 0033875

收货单位：
地　　址：　　　　　　　　　　　　　年　月　日

货物名称	单　位	数　量	单　价	金　额
合　计				
附　注				

第二联：回单

收货单位及经手人：　　　　送货单位及经手人：

★1 月 22 日

34．**张明报销医药费用 500 元，其中应由职工个人负担 20%，以现金支付**

34－1

广东中医院报销凭单

姓名	张明	日期　2023 年 1 月 22 日
项　目		金　额
中药费		300
治疗费		200
合　计		500

备注：应由职工个人负担 20%。

★1 月 23 日

35. **从恒丰五金公司购进工具 760 元，开出支票支付，工具已由车间领用**

35 －1

广东省广州市工商企业商品销售统一发票

国税监

(92155 －240998)

发 票 联

No. 1505 －1678720

顾客名称：美登家电厂　　开户银行：工行白云路办

地　　址：　　账　　号：　　2023 年 1 月 23 日填发

货品名称及规格	件数	单位	数量	单价	超过拾万元无效	万	千	百	十	元	角	分
工具		批	1				¥	7	6	0	0	0
合计人民币	（大写）柒佰陆拾元整				合计		¥	7	6	0	0	0
提货地点及日期	年　月　日	提货人	年　月　日		备注							

第二联：结算（报账）凭证

填票人：　　收款人：李敏　　业户名称及地址（章）：恒丰五金公司

35－2

中国工商银行支票存根（粤）	中国工商银行支票（粤）　广州 No. 56430024
No. 56430024	出票日期（大写）　年　月　日　付款行名称：白云路办
科　目：........	收款人：　出票人账号：015－8345006
对方科目：........	人民币（大写）　百 十 万 千 百 十 元 角 分
出票日期　年　月　日	本支票付款期十天
收款人：........	用途：........
金　额：........	上列款项请从我账户内支付　科目（借）：........
用　途：........	出票人签章　对方科目（贷）：........
单位主管　会计	复核　记账

★1 月 24 日

36．**上年应收为民零售店货款 460 元，因该企业倒闭无法收回，冲减坏账准备**

36－1

坏账损失处理报告单

客户名称	为民零售店	损失金额	460 元	原因	企业倒闭
处理意见	冲减坏账准备	2023 年 1 月 24 日			
审批人	张勇	注册会计师意见	同意	注册会计师	李鹏勇

★1 月 25 日

37. 厂工会组织卡拉 OK 比赛，开支 1 200 元，以支票支付

37－1

广东省广州市服务业发票

发　票　联

地税监
（99893）
8901－8800189

顾客名称：美登家电厂　　　　经济性质：
地　　址：广州白云路 10 号　　　　2023 年 1 月 25 日填发

项　目	超过壹万元无效	千	百	十	元	角	分	备　注
出租卡拉 OK 厅		1	2	0	0	0	0	
合　计 人民币　（大写）壹仟贰佰元整	合计	1	2	0	0	0	0	

第二联：购票单位（个人）记账

收款人　　　　开票人　　　　售票单位（章）：广州市第二文化宫

37－2

中国工商银行支票存根（粤）
No. 56430025
科　目：………
对方科目：………
出票日期　　年　月　日
收款人：………
金　额：………
用　途：………
单位主管　　会计

中国工商银行支票（粤）　广州 No. 56430025

出票日期（大写）　　年　月　日　　付款行名称：白云路办
收款人：　　　　出票人账号：015－8345006

人民币（大写）	百	十	万	千	百	十	元	角	分

本支票付款期十天

用途：………
上列款项请从　　　　科目（借）：………
我账户内支付　　　　对方科目（贷）：………
出票人签章

复核　　记账

38. **新兴百货公司交来一张银行汇票，支付本月从美登家电厂购进的电冰箱部分货款 100 000 元**

38－1

中国工商银行进账单（收账通知）

2023 年 1 月 25 日

第 4 号

出票人	全　称	新兴百货公司	持票人	全　称	美登家电厂
	账　号	018－2678100		账　号	015－8345006
	开户银行	工行环市东办		开户银行	工行广州白云路办

人民币（大写）	千	百	十	万	千	百	十	元	角	分
壹拾万元整		¥	1	0	0	0	0	0	0	0

票据种类	银行汇票	
票据张数		
单位主管　　会计　　复核　　记账		持票人开户行（章）

此联是持票人开户银行交给持票人的收账通知

★1 月 26 日

39. 开出支票，支付本月水电费用共 9 785. 97 元。其中水费 1 665 元，车间应承担 1 200 元，厂部应承担 465 元，增值税 166. 5 元；电费 6 756 元，车间应承担 4 200 元，厂部应承担 2 556 元，增值税 878. 28 元

39 －1

004012649　　**广东省增值税专用发票**　　№ 06028716

全国统一发票监制 发票联 国家税务总局监制

开票日期：2023 年 1 月 26 日

购货单位	名　　称：美登家电厂 纳税人识别号：440105200632739 地 址、电 话：广州市白云路 10 号 020 －83345102 开户行及账号：工行白云路办 015 －8345006				密码区	（略）	
货物或应税劳务名称	规格型号	单位	数量	单价	金额	税率	税额
电力		度	8445	0. 8	6756	13%	878. 28
价税合计（大写）	柒仟陆佰叁拾肆元贰角捌分				（小写）￥7634. 28		
销货单位	名　　称：广州市供电局 纳税人识别号：440104268428638 地 址、电 话：广州市西场路 20 号 020 －85162356 开户行及账号：工行东川路办 015 －6758434				备注	广州市供电局 440104268428638 发票专用章	

国税函［2020］111号广州市供电局

第二联：发票联　购货方记账凭证

收款人：李之　　复核：王刚　　开票人：李丽明　　销货单位：（章）

39－2

004012649 **广东省增值税专用发票** №06028716

国统一发票监制 发票联 国家税务总局监制

开票日期：2023年1月26日

国税函[2020]111号广州市供电局

购货单位	名称：美登家电厂 纳税人识别号：440105200632739 地址、电话：广州市白云路10号 020－83345102 开户行及账号：工行白云路办 015－8345006				密码区	（略）		
货物或应税劳务名称	规格型号	单位	数量	单价	金额	税率	税额	
电力		度	8445	0.8	6756	13%	878.28	
价税合计（大写）	柒仟陆佰叁拾肆元贰角捌分				（小写）¥7634.28			
销货单位	名称：广州市供电局 纳税人识别号：440104268428638 地址、电话：广州市西场路20号 020－85162356 开户行及账号：工行东川路办 015－6758434				备注	广州市供电局 440104268428638 发票专用章		

第三联：抵扣联 购货方扣税凭证

收款人：李之 复核：王刚 开票人：李丽明 销货单位：（章）

39－3

004012649 **广东省增值税专用发票** №06028717

国统一发票监制 发票联 国家税务总局监制

开票日期：2023年1月26日

国税函[2020]333号广州自来水公司

购货单位	名称：美登家电厂 纳税人识别号：440105200632739 地址、电话：广州市白云路10号 020－83345102 开户行及账号：工行白云路办 015－8345006				密码区	（略）		
货物或应税劳务名称	规格型号	单位	数量	单价	金额	税率	税额	
自来水		m^3	3330	0.5	1665	10%	166.5	
价税合计（大写）	壹仟捌佰叁拾壹元伍角零分				（小写）¥1831.50			
销货单位	名称：广州自来水公司 纳税人识别号：440108972447801 地址、电话：广州环市西路304号 020－83456819 开户行及账号：工行环市西路办 015－4832382				备注	广州自来水公司 440108972447801 发票专用章		

第二联：发票联 购货方记账凭证

收款人：黄伟 复核：李开 开票人：陈明 销货单位：（章）

39－4

004012649　　**广东省增值税专用发票**　　№ 06028717

（全国统一发票监制章　发票联　国家税务总局监制）

开票日期：2023年1月26日

国税函［2020］333号广州自来水公司

购货单位	名　　　称：美登家电厂 纳税人识别号：440105200632739 地 址、电 话：广州市白云路10号 020－83345102 开户行及账号：工行白云路办 015－8345006			密码区	（略）		
货物或应税劳务名称	规格型号	单位	数量	单价	金额	税率	税额
自来水		m^3	3330	0.5	1665	10%	166.5
价税合计（大写）	壹仟捌佰叁拾壹元伍角零分				（小写）￥1831.50		
销货单位	名　　　称：广州自来水公司 纳税人识别号：440108972447801 地 址、电 话：广州环市西路304号 020－83456819 开户行及账号：工行环市西路办 015－4832382			备注	广州自来水公司 440108972447801 发票专用章		

第三联：抵扣联　购货方扣税凭证

收款人：黄伟　　复核：李开　　开票人：陈明　　销货单位：（章）

39－5

水电费分配表

2023年1月26日

用　途	水耗用（m^3）	单价	金额	电耗用（度）	单价	金额	合计
生产车间	2 400	0.5	1 200	5 250	0.8	4 200	5 400
厂部管理	930	0.5	465	3 195	0.8	2 556	3 021
合　计	3 330		1 665	8 445		6 756	8 421

39 –6

中国工商银行支票存根（粤）
No. 56430026
科　目：........
对方科目：........
出票日期　　年　月　日
收款人：........
金　额：........
用　途：........
单位主管　　会计

中国工商银行支票（粤） 广州 No. 56430026

出票日期（大写）　　年　月　日　　付款行名称：白云路办
收款人：　　出票人账号：015 –8345006

人民币（大写）	百	十	万	千	百	十	元	角	分

本支票付款期十天

用途：........
上列款项请从
我账户内支付
出票人签章

科目（借）：........
对方科目（贷）：........

复核　　记账

39 –7

中国工商银行支票存根（粤）
No. 56430027
科　目：........
对方科目：........
出票日期　　年　月　日
收款人：........
金　额：........
用　途：........
单位主管　　会计

中国工商银行支票（粤） 广州 No. 56430027

出票日期（大写）　　年　月　日　　付款行名称：白云路办
收款人：　　出票人账号：015 –8345006

人民币（大写）	百	十	万	千	百	十	元	角	分

本支票付款期十天

用途：........
上列款项请从
我账户内支付
出票人签章

科目（借）：........
对方科目（贷）：........

复核　　记账

★1 月 27 日

40. **李琴出差到杭州参加产品展销会已回来，报销差旅费**1 100 **元。原预借差旅费用**1 500 **元，退回现金**400 **元**

40－1

旅差费报销单

单位名称：美登家电厂　　　　填报日期：2023 年 1 月 27 日

<table>
<tr><td colspan="3">姓名</td><td colspan="2">李琴</td><td>出差地点</td><td colspan="2">杭州</td><td>出差日期</td><td colspan="6">自 2023 年 1 月 9 日
至 2023 年 1 月 15 日</td></tr>
<tr><td colspan="3">事由</td><td colspan="12">参加会议</td></tr>
<tr><td colspan="3">日　期</td><td colspan="2">起讫地点</td><td colspan="2">车船或飞机</td><td colspan="3">在途补助</td><td colspan="3">住勤补助</td><td rowspan="2">杂（宿）费</td><td rowspan="2">备注</td></tr>
<tr><td>年</td><td>月</td><td>日</td><td>起</td><td>讫</td><td>类别</td><td>金额</td><td>行程时间</td><td>标准</td><td>金额</td><td>日期</td><td>标准</td><td>金额</td></tr>
<tr><td>2023</td><td>1</td><td>9</td><td>广州</td><td>杭州</td><td></td><td>360</td><td></td><td></td><td></td><td>7</td><td>40</td><td>280</td><td>100</td><td rowspan="6">收回现金400 元</td></tr>
<tr><td>2023</td><td>1</td><td>15</td><td>杭州</td><td>广州</td><td></td><td>360</td><td></td><td></td><td></td><td></td><td></td><td></td><td></td></tr>
<tr><td></td><td></td><td></td><td></td><td></td><td></td><td></td><td></td><td></td><td></td><td></td><td></td><td></td><td></td></tr>
<tr><td></td><td></td><td></td><td></td><td></td><td></td><td></td><td></td><td></td><td></td><td></td><td></td><td></td><td></td></tr>
<tr><td colspan="12">以上单据共 4 张　总计金额人民币（大写）壹仟壹佰元整</td><td rowspan="2">经领人（章）</td><td rowspan="2">王强</td></tr>
<tr><td colspan="12">预支差旅费人民币 1500 元，支付现款人民币 400 元</td></tr>
</table>

主管：　　　　　　审核：　　　　　　填报人：李琴

40－2

收　据

年　月　日

今收到______________________________

____

____

金额（大写）　　　　仟　佰　拾　元　角　分

¥______________

第三联：财会

出纳：　　　　　　经手人：

提示：收回现金，应开出收据，一式三联。其中，第一联存根，第二联交付款人，第三联作为财会登账。

★1 月 28 日

41. **因资金不足，向银行申请借入 1 年期借款 100 000 元**

41 -1

中国工商银行广州分行白云支行
贷款通知书

2023 年 1 月 28 日

借款人（单位）名称	美登家电厂	
借款金额	壹拾万元整　　¥100000	
借款期限	2023 年 1 月 28 日—2024 年 1 月 28 日	偿还方式：
借款利率	5%	
备注		

42. **向恒远公司销售电视机 10 台，每台售价 3 500 元，开出增值税专用发票，税率 13%，采用赊销方式**

42 -1

广东省增值税专用发票　　№

国统一发票监制　发票联　国家税务总局监制

开票日期：　　年　月　日

国税函［2020］200号美登家电厂

购货单位	名　　称： 纳税人识别号： 地 址、电 话： 开户行及账号：				密码区	（略）		
	货物或应税劳务名称	规格型号	单位	数量	单价	金额	税率	税额
	价税合计（大写）	（小写）						
销货单位	名　　称： 纳税人识别号： 地 址、电 话： 开户行及账号：				备注	美登家电厂 440105200632739 发票专用章		

第二联：发票联　购货方记账凭证

收款人：　　复核：　　开票人：　　销货单位：（章）

备注：

购货单位：恒远公司　地址：深圳市解放路 2 号　电话：0755 -22687803

税务登记号：440105200687901

开户银行及账号：工行解放路办　028 -3024 -7328001

结算方式：赊销

42－2

送　货　单

No 0033861

收货单位

地　　址：　　　　　　　　　　　　　　　年　月　日

货物名称	单　位	数　量	单　价	金　额
合　计				
附　注				

第二联：回单

收货单位及经手人：　　　　　　　　　　送货单位及经手人：

★1 月 29 日

43．**盘点财产物资，盘亏** 1 **台电钻，原值** 20 000 **元，已提折旧** 12 000 **元，盘亏原因未明；盘盈甲材料** 20 kg**，原因未明**

43－1

财产清查盘盈盘亏报告表

部门：车间　　　　　　　　　　　　　　　　2023 年 1 月 29 日

资产编号	资产名称	资产规格型号	盘盈			盘亏			毁损		
			数量	单价	金额	数量	单价	金额	数量	单价	金额
	甲材料		20	10	200						
处理意见	审批部门			清查小组					使用保管部门		

43－2

财产清查盘盈盘亏报告表

部门：车间　　　　　　　　　　　　　　　　　　　　　　　　2023 年 1 月 29 日

资产编号	资产名称	原值（元）	已提折旧（元）	盘亏或盘盈	净损失（元）
	电钻	20 000	12 000	盘亏	8 000
处理意见	审批部门		清查小组		使用保管部门

★1 月 30 日

44. **摊销本月车间待摊固定资产修理费用** 400 **元，车间租用固定资产修理费用** 360 **元，厂部管理部门租用固定资产修理费** 1 200 **元，摊销预付财产保险费** 200 **元**

44－1

长期待摊费用及预付账款分配表

2023 年 1 月 30 日

项　目	应借科目	摊销金额（元）
预付财产保险费	管理费用	200
厂部租用固定资产修理费	管理费用	1 200
车间租用固定资产修理费	制造费用	360
车间固定资产修理费	制造费用	400
合　计		2 160

★1 月 31 日

45. **根据存货发出记录编制原材料发出分配表**

45 –1

仓库发料登记表

2023 年 1 月 31 日

日期	部门	用途	甲材料		乙材料		丙材料		丁材料	
			计量单位	数量	计量单位	数量	计量单位	数量	计量单位	数量
1.4	车间	电视机	kg	235	kg	680				
1.6	车间	电冰箱							kg	100
1.8	车间	一般耗用							kg	50
1.11	厂部	一般耗用					kg	140		
1.14	车间	电视机	kg	480	kg	410				
1.18	车间	电冰箱					kg	290	kg	520
1.20	厂部	一般耗用					kg	50		
1.25	车间	电视机	kg	200	kg	200				
1.30	车间	电冰箱					kg	260	kg	260
合计				915		1 290		740		930

提示：根据仓库发料登记表逐笔登记原材料明细账，只登记数量，不登记金额。

45 –2

原材料发出汇总表

2023 年 1 月 31 日

项　目	电视机			电冰箱			车　间			厂　部			合　计	
	数量	单价	金额	数量	单价	金额	数量	单价	金额	数量	单价	金额	数量	金额
甲材料	915	10	9 150										915	9 150
乙材料	1 290	5	6 450										1 290	6 450
丙材料				550	60	33 000				190	60	11 400	740	44 400
丁材料				880	20	17 600	50	20	1 000				930	18 600
合　计			15 600			50 600			1 000			11 400		78 600

提示：原材料成本 = 耗用数量 × 入库单价。

46. **计提本月固定资产折旧 20 300 元，其中车间 17 600 元，厂部 2 700 元**

46 – 1

固定资产折旧计算表

2023 年 1 月 31 日　　单位：元

部　门	机　器	房　屋	合　计
生产车间	11 800	5 800	17 600
管理部门		2 700	2 700
合　计	11 800	8 500	20 300

47. **按生产工人工资分配结转本月制造费用**

47 – 1

制造费用分配表

2023 年 1 月 31 日

项　目	应借科目	分配标准（生产工人工资）	分配率	应分配费用额
电视机	生产成本			
电冰箱	生产成本			
合　计				

48. **计算电视机、电冰箱的生产成本。电视机、电冰箱都没有期初在产品成本，本月投产的电视机已全部完工，共 11 台，验收入库；本月投产的电冰箱已完工 21 台，尚有部分未完工，期末在产品价值为 11 720 元（其中原材料 5 040 元，工资 4 370 元，制造费用 2 310 元）**

48 – 1

完工商品成本汇总计算表

年　月　日　　单位：元

成本项目	电视机		电冰箱		合　计
	总成本	单位成本	总成本	单位成本	
直接材料					
直接人工					
制造费用					
完工商品成本					

48－2

仓库商品入库登记表

入库日期	电视机		电冰箱	
	计量单位	数量	计量单位	数量
1月3日	台	2		
1月8日			台	5
1月10日	台	3		
1月14日	台	2		
1月18日			台	4
1月20日	台	1	台	7
1月25日	台	1	台	3
1月28日	台	2	台	2
合　计		11		21

提示：根据仓库商品入库登记表逐笔登记明细账，只登记数量，不登记金额。

49．**收到南盛公司交来支票，支付合同违约金** 2 000 **元**

49－1

中国工商银行（收账通知）

2023 年 1 月 31 日　　　　第　　号

<table>
<tr><td rowspan="3">出票人</td><td>全　称</td><td colspan="4">南盛公司</td><td rowspan="3">收款人</td><td>全　称</td><td colspan="10">美登家电厂</td></tr>
<tr><td>账　号</td><td colspan="4">017－8592341</td><td>账　号</td><td colspan="10">015－8345006</td></tr>
<tr><td>开户银行</td><td colspan="4">工行天河路办</td><td>开户银行</td><td colspan="10">工行广州白云路办</td></tr>
<tr><td rowspan="2">金额</td><td rowspan="2">人民币（大写）</td><td colspan="6" rowspan="2">贰仟元整</td><td>千</td><td>百</td><td>十</td><td>万</td><td>千</td><td>百</td><td>十</td><td>元</td><td>角</td><td>分</td></tr>
<tr><td></td><td></td><td></td><td>¥</td><td>2</td><td>0</td><td>0</td><td>0</td><td>0</td><td>0</td></tr>
<tr><td colspan="2">票据种类</td><td colspan="6">支票</td><td colspan="10" rowspan="3">持票人开户行（盖章）</td></tr>
<tr><td colspan="2">票据张数</td><td colspan="6">1</td></tr>
<tr><td colspan="8">单位主管　　会计　　复核　　记账</td></tr>
</table>

此联是持票人开户银行交给持票人的收账通知

50. **接受南雄公司委托，代为安装一条生产线，安装费收入**3 000 **元。收到南雄公司交来支票（暂不考虑增值税）**

50 –1

广东省安装服务业发票

发票联　　　　　　　　　　　　No. 82484

顾客名称：南雄公司

地　　址：　　　　　　　　　　　　2023 年 1 月 31 日填发

项　目	超过拾万元无效	金额 千	百	十	元	角	分	备　注
安装费		3	0	0	0	0	0	
合　计 人民币　（大写）叁仟元整	合计	3	0	0	0	0	0	

第三联：记账联（销货方入账凭证）③

填票人　　　　收款人　　　　业户名称及地址（章）：美登家电厂

50 –2

中国工商银行进账单（收账通知）

2023 年 1 月 31 日　　　　　　第　　号

出票人	全　称	南雄公司	收款人	全　称	美登家电厂
出票人	账　号	015　8848678	收款人	账　号	015 –8345006
出票人	开户银行	工行广州小北路办	收款人	开户银行	工行广州白云路办

金额	人民币（大写）	千	百	十	万	千	百	十	元	角	分
	叁仟元整				¥	3	0	0	0	0	0

票据种类	支票	
票据张数	1	
单位主管　　会计　　复核　　记账		持票人开户行（盖章）

此联是持票人开户银行交给持票人的收账通知

备注：收到支票，已送银行，凭进账单记账。

51．**按安装费收入的3%计提应交营业税；按应交营业税的7%计提应交城市维护建设税；按应交营业税的3%计提应交教育费附加**

51－1

应交营业税计算表

2023年1月31日

项　目	应税收入	税率	应交营业税
合　计			

51－2

应交城建税、教育费附加计算表

2023年1月31日

项　目	应交营业税	城建税税率	应交城建税	教育费附加率	应交教育费附加
合　计					

52．**根据本月销售数量计算并结转本月主营业务成本**

52－1

商品销售成本汇总计算表

年　月　日　　　　单位：元

商品名称	销售数量	单位成本	总成本
电视机			
电冰箱			
合　计			

提示：本月销售数量为电视机100台、电冰箱70台。

53. **计算本月应交增值税**

53－1

应交增值税计算表

2023 年 1 月 31 日

项　目	当期进项税额	当期销项税额	应交增值税
合　计			

提示：本月应交增值税应在下月缴交，故无需进行账务处理。

54. **按本月应交增值税的 7% 计提城市维护建设税；按本月应交增值税的 3% 计提教育费附加**

54－1

应交城建税、教育费附加计算表

2023 年 1 月 31 日

项　目	应交增值税	城建税税率	应交城建税	教育费附加率	应交教育费附加
合　计					

55. **经领导批准，本月 29 日盘点处理为：盘亏电钻损失列入营业外支出，盘盈的甲材料冲减管理费用**

55－1

财产清算结果处理意见

2023 年 1 月 31 日

盘盈	甲材料	金额	200 元	处理意见	冲减管理费用
盘亏	电钻	原值	20 000 元	已提折旧	12 000 元
损失净值	8 000 元	处理意见		转入营业外支出	

审核人：张勇

56. **计提短期借款应付利息 560 元**

56－1

计提借款利息

借款本金	月利率	应付利息
140 000	4‰	560

57. **按应收账款余额 10% 计提坏账准备，其他资产无发生减值迹象**

57－1

坏账准备计算表

年　月　日

项　目	余额	计提比例	应计提坏账准备额	备注
应收账款		10%		
合　计				

审核：　　　　　　　　　　制单：

58. **结转损益类账户并计算利润总额**

58－1

本月损益类账户发生额汇总表

账户名称	借方发生额	贷方发生额
主营业务收入		
其他业务收入		
营业外收入		
主营业务成本		
其他业务成本		
销售费用		
税金及附加		
管理费用		
财务费用		
信息减值损失		
营业外支出		
合　计		

59. **根据本月利润总额计提应交所得税（所得税税率25%）**

59 －1

应交所得税计算表

2023 年 1 月 31 日

利润总额	所得税税率	应交所得税

60. **结转本年利润**
61. **按税后利润的10%计提法定盈余公积，5%计提任意盈余公积**

61 －1

计提盈余公积计算表

2023 年 1 月 31 日

利润总额	所得税	税后利润	计提比例	应计提盈余公积

62. **按税后利润的50%计提应付股利**

62 －1

计提应付股利计算表

2023 年 1 月 31 日

利润总额	所得税	税后利润	计提比例	应计提应付股利

63. **期末结账，编制试算平衡表**
64. **编制利润表**
65. **编制资产负债表**

总分类账户余额试算平衡表

科目名称	期初余额		本期发生额		期末余额	
	借方	贷方	借方	贷方	借方	贷方
库存现金						
银行存款						
应收账款						
坏账准备						
预付账款						
其他应收款						
原材料						
库存商品						
固定资产						
累计折旧						
待处理财产损溢						
长期待摊费用						
长期股权投资						
生产成本						
制造费用						
短期借款						
应付账款						
预收账款						
其他应付款						
应付职工薪酬						
应付利息						
应交税费						
应付股利						
实收资本						
资本公积						
盈余公积						
本年利润						
利润分配						
主营业务收入						

续上表

科目名称	期初余额		本期发生额		期末余额	
	借方	贷方	借方	贷方	借方	贷方
主营业务成本						
销售费用						
税金及附加						
管理费用						
财务费用						
信用减值损失						
营业外收入						
营业外支出						
所得税费用						
合　计						